森アッパの

日本語・朝鮮語
比較論

はじめに

　1988年に『もう一つの万葉集——万葉集は古代韓国語で書かれていた』（文藝春秋）という本が出版されました。国民的な大反響を巻き起こし、全国の学校の図書館に配布されるほどでした。それまで、万葉集には解読不能な歌がたくさんあり、解読されたと言われている歌にも、不可解な歌がたくさんありました。それが、見事に解読されていったのです。

　まず、万葉集の一番目の歌で天皇の即位の歌とされている有名な歌ですが、籠や御籠を持ち野つみしている乙女に名前を名乗れといい、その後に「わたしこそがこの地を支配する天皇であるぞ」と宣言しているのです。少し考えれば天皇が小娘を捕まえて天皇を誇示するというのも滑稽ですし、籠が2回も登場しながら歌の趣旨に何の関係もないような歌が、何千もの歌の1番に来るのも不可解です。同書によればこれを古代韓国語で解読すると倭国王が朝鮮半島の古代国家の都を出て、建国したという内容が浮かび上がります。まさに建国の歌で1番目にふさわしい歌になるのです。

　次に万葉集の歌に枕詞というのがあります。「たらちねの」というと「母」を引き出す修飾語なのですが、母をどう修飾しているのかがわかりません。「垂乳根」と万葉仮名表記され、「垂れた乳」という説がありますが、これだと老婆をいとおしむ高齢の息子しか浮かんできません。同書によれば、古代韓国語だと「甘い乳出す」となり、まさに赤ちゃんを育てている母のイメージになるのです。

　また「あしびきの」は「山」「まなこ」を引き出す枕詞ですが、これも納得のいく回答がありませんでした。高学の学者が「足をひきずり上るからだ」と何の詩情もない説明をしていますが、同書によれば、韓国語だと「姫枕は」という意味になります。姫枕というのは新婦が婚礼の

3

時に持参する刺繍で飾られた細長い枕、新婚夫婦が二人の頭を乗せて横になる枕で、男女の結合や女性を意味します。「山や目などは丸く盛り上がったもので、女性を連想させるものとして引き出されている」と指摘されています。

この『もう一つの万葉集』という本は李寧煕（이영희 i yeonghi）さんによって書かれました。この方は日本で生まれ育ち、日本の敗戦前に朝鮮に帰り、梨花女子大学を出て、児童文学作家として活躍されました。その後韓国の国会議員を務められ、日韓議員友好協会の活動を通じて、万葉集の研究をされました。この本の後『枕詞の秘密』『日本語の真相』『フシギな日本語』『天武と持統』などベストセラーを連発していました。

ところが、右翼の反発が強く、国文学者が総動員されて、テレビなどでよってたかっての攻撃がされました。「万葉集は日本古来の歌で、韓国語で書かれるなどはあり得ない」という決め付けばかりで、比較的まともな論理は「ヨーロッパの比較言語学では顔の部所の名の一致数で決めるのに、日本語と韓国語では一致していない」ぐらいしかありませんでした。近い言語でかならず「顔の部所の名が一致する」という根拠はなく、たまたまヨーロッパの言語で顔の部所の名が一致していたので、一致数で相互関係が推測されたということにすぎません。まともな判断は、総合的に様々なことばや、文法などを比較しなくてはなりません。学問的な話が日本民族優越論という右翼思想によって弾圧されるという場面を目の当たりにした私はそれ以来頭が痛く（머리 아파 meori apa）なってしまいました。

また、『「邪馬台国」はなかった』という本が1971年朝日新聞社から刊行されました。著者古田武彦氏は、「研究者は原書の記載を安易に変更してはならない」との原則に立ち、魏志倭人伝では「邪馬壹国」と書かれていることから、「やまい（ち）こく」と読むべきであることを主張されました。また、里程の記載と実際の地理から1里が75〜90mと推定されました。また、文章の中の「方向」と「距離」の記載方法を三国志全体にあたり、「邪馬壹国」が博多湾沿岸であることを特定されま

4

した。また、1973 年には『失われた九州王朝』を朝日新聞社から発刊され、統一国家倭国が 7 世紀後半まで存在したことを主張されました。

　古田武彦氏は、1926 年のお生まれ、東北大学法文学部日本思想史学科の卒業で、高校の教師をしながら、親鸞の研究をされました。親鸞関係の文献の作成年代の研究で、親鸞の敬称が 2 通りあり、年代とともに変化していることに着目され、全文献中のそれぞれの敬称の出現頻度を調査して、出現比率の変化によって、作成年代を特定することに成功しています。実証主義的なこの技法はその後の文献研究等に使われるようになる先駆者でありました。思想史学者として著名な方です。その後、古代史研究に着手され、初期の論文は学会誌にも掲載されていましたが、九州王朝説を唱えられるころから、天皇制イデオロギーの「万世一系の天皇」を否定するものだと右翼からの圧力で、古代史学会から排除されています。一般の古代史学者から「学会の論文として採用されない見解だ」と無視されていますが、多くの読者、一般研究者から支持を受け、古田史学会が作られています。またしても、その主張の正しさを検討するのではなく、権力者に都合の悪い主張を弾圧するために、学者たちが動員されるという「頭の痛い（머리 아파 meori apa）」話です。

　もともと古代史に関心があり、李寧熙さんとの出会い等によって、私の考えが形成されてきました。結論として、南方から日本列島にやってきた縄文人に対して、今から 3000 年ほど前に、北から朝鮮半島を経て、弥生人がやって来たときに日本語の歴史が始まったと確信しています。そして、25 年ほど前から朝鮮語の勉強を始めました。現在の日本語と朝鮮語を比較することで、皆さんにその類似性と歴史的な変化をお示ししたいと考えています。

　また古田武彦氏との出会い等によって、九州を中心に発展した倭国が 7 世紀後半に滅び、日本が建国されたこと、その後桓武に至るまで、近畿の勢力と九州の勢力の抗争が続いたことを確信しました。その考えを今回、私なりにまとめてお示ししたいと考えています。

目　次

はじめに ………………………………………………………………………… 3

日本語・朝鮮語比較論 ………………………………………………… 9

第1部　たくさんの類似語と文法の一致

1 動物の名前は鳴き声から ……………………………… 10

2 共通する名詞がたくさん ……………………………… 15

3 擬態語をよく使い、一致するものが多い ………………… 23

4 共通する動詞群 ………………………………………… 34

5 動詞の活用形と変化 …………………………………… 50

6 他動詞、自動詞、受動詞、使役動詞の分化 ……………… 64

7 動詞からつくられる名詞 ……………………………… 68

8 動詞の特殊な用法 ……………………………………… 69

9 共通する形容詞群 ……………………………………… 73

10 共通する助詞群 ………………………………………… 77

11 否定形の話 ……………………………………………… 82

第2部　日本語・朝鮮語の発音は、
　　　　　それぞれ別の方向に変化してきた

12 日本語の発音の変化 …………………………………… 85

13 朝鮮語の発音の変化 …………………………………… 95

第3部　漢字をめぐる話

14 朝鮮語と日本語の漢字音の対応関係……………………… 98

15 日本人・日本語の起源と稲の伝来…………………………… 103

16 漢字の伝来……………………………………………………… 106

17 中国語の多彩な発音に対応した朝鮮語 ………………… 110

18 漢字の活用方法の相違……………………………………… 112

19 漢字の音表記が多い朝鮮語 ……………………………… 120

第4部　他にもあるおもしろい相違

20 すこし違う漢字語の使い方 ……………………………… 130

21 漢字や外来語から変化したことば………………………… 144

22 格言と俗談………………………………………………… 154

「日本建国」論 …………………………………………………………… 161

あとがき ………………………………………………………………… 185

参考文献…………………………………………………………………… 186

日本語・朝鮮語比較論

第1部

たくさんの類似語と文法の一致

1　動物の名前は鳴き声から

　動物は鳴き声で表現されることが多いです。ぶたはぶうたん、ねこは
にゃんこ。幼児のことばの発達の面でも「まんま」に続いて、最初のころ
に出てくることばですが、人類の言語発達の面でも初期のものと考えられ
ます。まさに、「個体発生は集団発生を繰り返す」（ヒトは卵子から生物の
進化の過程を辿って発生してくる）ということばがあるように。

蛙の話

　日本語では、かえるの名前の由来は、鳴き声「けろけろ」から、「けー
ろ→かえろ→かえるとなった」との説が有力です。他に、生まれたところ
に「帰る」からとか、「か」と「え」と「る」に分解して「体が平たいもの」
の意味だという説もあります。しかし、この考え方だと「かえる」という
具体的な生き物の名前ができるのが「帰る」や「え＝平たい」という抽象
的な概念の成立後になってしまいます。「けろ」と呼んでいるうちに「か
える」になったと考えるのが自然です。広辞苑も鳴き声説を採用していま
す。

　朝鮮語では蛙は개굴 개굴 kaegur kaegur と鳴きます。語尾がㄹ r という子

10

音で終わっています。そして鳴き声개굴 kaegur に이 i「物」をつけて、「け
ぐっと鳴く物」개구리 kaeguri です。このㄹ r という子音に이 i という母音
が続く場合にはフランス語のリエゾンのように、ㄹ r ＋이 i＝리 ri と発音
するようになり、개구리 kaeguri のように、ㄹ r が次の音節に移行するこ
とが多いです。

〈子音で終わることば〉

　朝鮮語では最後に子音ㄱ k ㄲ kk、ㄴ n、ㄹ r、ㄷ t ㄸ tt、ㅁ m、ㅂ p ㅃ
pp、ㅅ s ㅆ ss、ㅈ ch ㅉ cch、**ㅊ ch**、**ㅋ k**、**ㅌ t**、**ㅍ p**（太字は強く発音する激音）
で終わることばがあります。これら語尾に付く子音を받침 patchim（意味は
「ささえ」「土台」）といいます。朝鮮語には子音で終わることばがたくさん
あり、動物の鳴き声はほとんどが子音で終わっています。「ん」以外は必ず
母音で終わる日本語との最大の相違点です。

〈語尾に i を付けて名詞化する語法〉

　語尾に i を付けて名詞化する語法は日本語にもあります。それは、動詞
の語尾をい列にすることで名詞化する方法です。ハエ取る→ハエ取り、山
登る→山登り、肩たたく→肩たたき、皮剥ぐ→皮剥ぎ、歩く→歩き、走る
→走り、力む→力み、稼ぐ→稼ぎなどです。非常に一般的な方法です。

〈朝鮮語のローマ字表記〉

　朝鮮語のローマ字表記は、1937 年に発表されたマキューン・ライシャ
ワー式があります。これは発音を忠実に表現した表記で、今も辞書表記の
主流ですが、アルファベット 26 文字以外の発音記号が多くあり、複雑な表
記になります。そこで、大韓民国文化観光部 2000 年式ではアルファベット
26 文字のみで表記されるようになりました。この本では、大韓民国文化観
光部 2000 年式に基づいて表記しています。ただし、大韓民国文化観光部
2000 年式では、ㄷ、ㅂ、ㄱは d、b、g に一本化されていますが、実際の発
音では、d、b、g と濁音の場合と t、p、k と清音で発音される場合があるの
です。この本では濁音・清音は重大なテーマですので、清音の場合は実際
の発音に合わせて t、p、k と表記しています。
　また、発音記号を使わずに表記するために特殊な表記があります。まず、

「え」は日本語では1種類ですが、朝鮮語では애、얘、에、예、외、왜、웨と7種類あります。この微妙な発音の違いをローマ字で表記するために、ある工夫をしています。つまり、애は「ae」という表記で、発音は「あえ」ではなく、「あ」の口で「え」と発音します。얘は「yae」で、「あ」の口で「いぇ」、そして예「ye」は「え」の口で「いぇ」と発音する音です。에「e」は「え」の口で「おぇ」と発音する音です。외「oe」は「お」の口で「おぇ」と発音する音です。왜「wae」は「わ」に続けて「え」と発音する音です。웨「wuoe」は「う」に続けて「え」と発音する音です。

「お」は、2種類あって、어「eo」は「え」の口で「お」と発音する音で、오「o」は「o」と表記していますが日本語の「う」の口で「お」と発音する音です。「よ」も2種類あって、여「yeo」は「え」の口で「よ」と発音する音で、요「yo」は「う」の口で「よ」と発音する音です。「う」も2種類あって、우「u」は「う」よりも小さな口で「う」と発音する音で、으「eu」は「え」の口で「う」と短く発音する音です。아「a」と이「i」は日本語の「あ」「い」と同じです。

この本では、ハングル表記に続いてローマ字表記を付けています。

せみ

では、鳴き声の話にもどります。

日本語の蝉の鳴き声はいろいろですが、代表的な鳴き方はミンミンです。

朝鮮語でも맴맴 maem maem と鳴きます。そして、맴 maem に이 i を付けて「メンと鳴くもの」で매미 maemi となります。

この語頭の m が s に変わると日本語の「せみ」になります。

朱鷺

また、朝鮮語の名前と日本語の名前がそのまま同じなのが朱鷺です。

朱鷺は、日本語では「ターア」と鳴き、朝鮮語では따옥 ttaok と鳴くので、やはり이 i をつけて따오기 ttaogi といいます。そのまま完全に「たおぎ」

→「とき」です。

かり、かりがね

　雁の訓（和名、固有語）は「かり」または「かりがね」です。「かりがね」とは「かりが音」すなわち「かりと鳴く」の意味です。朝鮮語では、기럭기럭 kireok kireok と鳴くので、기럭 kireok に이 i をつけて기러기 kireogi となります。kari と kireogi、k と r と i が一致しています。kireogi ⇔ kiri ⇔ kari の変化です。

すずめ、つばめ、かもめ

　雀の鳴き声はちゅんちゅんですから、それに鳥を意味する接尾語「め」を付けて、「ちゅんちゅんめ」、それが変化してすずめになったと考えられます（広辞苑）。朝鮮語では雀の鳴き声は쩍쩍 cchaekcchaek で、名は참새 chamsae です。새 sae は鳥のことで、쩍 cchaek と鳴く鳥で쩍새 cchaeksae が참새 chamsae に変化したと考えられます。
　つばめは日本語では「ちゅぱ」と鳴きますので、「ちゅぱ」「め」から「つばめ」の変化です。朝鮮語では、鳴き声쩹 chep に「もの」이 i を付けて제비 chebi です。
　かもめは「きゃあ」と鳴くので、「きゃあ」「め」から「かもめ」になったと考えます。朝鮮語では、걀걀 kyarkyar と鳴き、이 i を付けて걀갸리 kyarkyari、それが変化して갈매기 karmaegi となったと考えます。

からす、うぐいす、ほととぎすの話

　「かあ」と鳴く鳥で「からす」。この「す」は鳥をあらわすもう一つの接尾語です。朝鮮語でからすは까옥까옥 kkaok kkaok と鳴くので、이 i をつけて까오기 kkaogi、変じて까마귀 kkamagui となったと考えられます。

13

うぐいすは日本語ではホーホケキョ（法華経）と鳴くと聞きとっていますが、仏教伝来以降の話でしょう。それ以前の人の耳には「うーぐい」と聞こえたということになります。朝鮮語では、うぐいすの鳴き声は꾀꼴 kkoekkor で、やはり鳴き声に이 i をつけて꾀꼬리 kkoekkori といいます。

ほととぎすは「ほととぎ」と鳴く「す」です。朝鮮語では中国語の不如帰の漢字音をそのまま使って、불여귀 puryeogui といいます。中国語の不如帰 burugui も鳴き声からきていると言われています。

じつは鳥をあらわす接尾語「す」も「め」も朝鮮語由来といわれています。朝鮮語では鳥は새 sae ですから、この sae から su「す」が派生し、また sae から me「め」が派生したということになります。

また、朝鮮語では「ほととぎす」は두견 tugyeon「つつじ」が咲くころに鳴きだすことから、두견 tugyeon「つつじ」に새 sae 鳥を加えて두견새 tugyeonsae（つつじ鳥）といったり、이を加えて두견이 tugyeoni（つつじ物）といったりします。始めは鳴き声からできた名前が花との組み合わせや行動などから新しい名前が作られ、変化していく例です。

むくどりの話

日本語では、椋鳥は椋の木の実を好んで食べることからこの名前になったとされます。しかし、朝鮮語では찌르륵 cchireureuk と鳴くことから、이を加えて찌르르기 cchireureugi、変じて찌르레기 cchireuregi となっています。

日本語でも元々は鳴き声から cchireureugi に似たような名がついていたのが、後世になってその属性から由来する名前に変わったのではないでしょうか。

ねずみの話

古事記に鼠が登場しますので、かなり古いことばですが、語源としては「根（根元、暗い所）住み」説、「盗み」説、「寝盗み」説があります。ねず

みの習性から派生したことばで、「根」とか「寝」、「住む」、「盗む」という ことばの存在が前提です。

朝鮮語では、ねずみは찍찍 cchikcchik と鳴き、쥐 chui と呼ばれています。

日本語でもねずみと呼ばれる前に「ちゅう」と呼ばれていたのではない でしょうか。

郭公

郭公は朝鮮語では、뻐꾹 ppeokkuk と鳴き、やはり이「もの」を付けて 뻐꾸기 ppeokkugi といいます。また、中国語の「郭公 guogong」も使い꽉 공 kwakkong ともいいます。郭公は中朝日3言語とも共通です。

現代中国語では「不如帰」も「郭公」も布谷 bugu や杜鵑 dujuan と言い ます。

2 共通する名詞がたくさん

一般の名詞にも、朝鮮語、日本語間で発音と意味が似ていることば（類 音同義語、同音類義語）がたくさんあります。漢字由来のことばは中国語 という共通基盤があり、似ているのは当然ですから、ここでは漢字語以外 の固有語を対象に比較します。

つる

鳥の名称は鳴き声からつくことが多い例を示しましたが、その他に季節

15

や繋がる花や習性から二次的に名称がつく例として、日本語の椋鳥と朝鮮語の杜鵑鳥 tugyonsae、두견이 tugyeoni ほととぎす（두견つつじ）をすでに紹介しました。

　ここでは、朝鮮語・日本語ともに同じ発想で、習性から名前が付けられ、結果としても、朝鮮語、日本語ともにそっくりな名前がついた鳥の話です。

　日本語の鶴の語源を検索すると「つがい」「つるむ」というキーワードにぶつかります。鶴は渡り鳥でシベリアから群れで日本にやってきます。そして、夫婦仲良く子育てをして日本から帰っていくわけです。群れは「仲間」「達」であり「連れ」でもあります。そして、「つい」「つれ」「つがい」「つるむ」は"つ"でつながっています。

　そして、鶴は朝鮮語でも두루미 turumi といいます。この語源は複数＝「達」を意味する朝鮮語들 teur に、「이」と同様に名詞化させる「미 mi」がついたと考えます。들＋미→두루미です。두루미 turumi は들 teur、「つれ」「つる」で繋がっています。つると두루미 turumi、意味と発音だけでなく、そのことばの形成過程もそっくりです。

　さらに「群れ」ですが、朝鮮語では무리 muri といいます。また、友を古い朝鮮語で동무 tongmu といいます。北で「同志」を意味することばとして使われた関係で、現在の南では친구 chingu 親舊（親友）ということばが使われますが、동무 tongmu は古くからのことばで日本語の「とも」と通じています。

うずら

　日本語の鶉の語源について、「『う』が草原で『ずら』は並んでいる」や「鳴き声が『憂』いで『辛』いから」等の説（うずらの鳴き声は鶏のようにうるさいらしい）がありますが、もっとも説得力があるのが朝鮮語由来説です。朝鮮語で鶉は메추라기 mechuragi といいますが、me を u に替えると uchuragi となり、一層似てきます。

　さらに、메추라기 mechuragi の語源を考えてみました。最後のㅣは例に

よって이（もの）でしょうから、메추락 mechurak に似たことばを探してみました。

　鳴き声にはありませんでした。一番近かったのが메주 meju 味噌玉麹です。この味噌玉麹とは煮た大豆と麹をソフトボール大に固めたもので、乾燥・発酵させて味噌を作ります。色が茶色で大きさや形からうずらに似ているものがあります。

　메추라기 mechuragi の語源は메주 meju 味噌玉麹ではないでしょうか。

鳥関連

　朝鮮語で鳥のことを새 sae といいますが、声のことを소리 sori といいます。そして鳥の声は새소리 saesori といいます。日本語で鳥の「さえずり」といいますが、この語源は새소리 saesori ではないでしょうか。これ以外の納得のいく説に出会ったことがありません。「さえずり」の語源を朝鮮語との関係で考えると、答えが見えてくるわけです。

魚類

　つづいて、鰈は가자미 kajami で、鯨は고래 korae、鰹は가다랭이 kadaraengi とか가다랑어 kadarangeo、鮫は상어 sangeo、鰆は삼치 samchi、鯛は도미 tomi、ふぐは복 pok、ふなは붕어 pungeo です。

　日本語のローマ字表記では、10通りの子音と5通りの母音が1つずつ一致（順番は同じ）する確率は50分の1で、子音が2つ一致（順番は同じ）する確率は100分の1ですから、単なる偶然とは考えにくいことになります。

　太刀魚は、太刀に似た姿形から名づけをされています。朝鮮語では太刀魚を갈치 karchi といいますが、刀は칼 kar ですから同じ発想からできています。

<ruby>鮟鱇<rt>あんこう</rt></ruby>

　鮟鱇という魚は独特の大きなあごと吊るしてさばかれる姿が特徴で、冬のなべとしても定番ですが、朝鮮語では아귀 agui と言われています。そして、この아귀 agui は아귀아귀 agui agui「むしゃむしゃ」たべる様子をあらわす擬態語からきています。agui ⇔ ago ⇔ ankou の関係です。

　また、아가미 agami「えら」ということばがあります。日本語の<ruby>顎<rt>あご</rt></ruby>も、横にでていることを「えらが張っている」とも言います。아가미 agami は「あご」と関係しています。

爬虫類

　とかげは도마뱀 tomabaem でよく似ていますし、蛇は뱀 paem で p (h) と e の 2 文字が一致しています。蛇のうちの「まむし」は살무사 sarmusa でmamusi と第 1 音節の母音 a、第 2 音節の子音 m と母音 u が、そして、第 3 音節の子音 s と 4 箇所も一致しています。また、亀は거북 keobuk で、語頭の子音が一致していますが、この程度は 10 分の 1 の確率ですから、偶然かもしれません。

昆虫

　昆虫では、<ruby>蝉<rt>せみ</rt></ruby>매미 maemi、カマキリ사마귀 samagui が語頭の子音を m から s に換えると saemi、s から k に換えると kamagui で一致します。<ruby>蜘蛛<rt>くも</rt></ruby>거미 keomi が k と m の子音が二つ一致しています。

哺乳類

　哺乳類では、熊が곰 kom、k と m の子音が一致しています。たぬきが너

18

구리 neoguri で母音の u と i が一致しています。そして、順序がかわりますが、子音の k も一致しています。

軟体動物

　日本語では、はまぐりは漢字で蛤と書いて「はまぐり」と訓で読んでいます。朝鮮語でも「蛤」の漢字を使って「大蛤」と書きます。そして、대합 taehap と漢字の音で読みます。中国語では蛤蜊 geli です。「蛤」の漢字が３国共通ですので、起源は中国でしょう。

　その他、ホタテガイ（帆立貝）は朝鮮語の가리비という固有語もありますが、海扇해선 haeseon（中国語：海扇 haishan）と中国語の朝鮮語音で発音したり、ナマコ（海鼠）は海蔘해삼 haesam（中国語：海蔘 haishen）ということばもあったりして、朝鮮語では軟体動物は中国語で表記し、その漢字の朝鮮音で呼ぶのが多いのです。それで、固有語が多い日本語と一致するものが少なくなっています。日本語の「あさり」は「浅蜊」と漢字を当てていますが、日本独自の当て字（中国語は玄蛤）です。朝鮮語では固有語で바지락 pajirak といい asari と１音節目の母音 a と３音節目の母音 a と子音 r とが一致しています。pajira ⇔ ajira ⇔ ajari ⇔ asari と変化していったと考えられます。

植物

　柿が감 kam で語頭の k と a が一致しています。
　ゆりが나리 nari で語尾の r と i が一致しています。
　どんぐりは도토리 totori で語頭の t と o と語尾の r と i が一致しています。
　杏は살구 sargu で母音が一致しています。s が取れると argu です。
　つばき tubaki は동백 tongbaek といいますが、子音の t と b と k が一致しています。

自然

　自然では、日（太陽の意）が해 hae、光が빛 pit、畑が밭 pat と一致します。峠が고개 kogae、海が바다 pada、川が강 kang（江）、沼が늪 neup、雲が구름 kureum、水が물 mur、島が섬 seom と近似しています。虹が무지개 mujigae です。蔓は덩굴 teongur で t、u、r が一致し、似たことばに紐とか弦という意味の줄 chur ということばもあります。

生活

　生活関連では、笠が갓 kas、靴が구두 kudu、串が꼬치 kkochi、染みが기미 kimi、桝が말 mar、ふろしきが보자기 pojagi、棹が삿대 sattae、袖が소매 somae、炭が숯 such、橇が썰매 sseormae、すもうが씨름 ssireum、刀が칼 kar、塵が티끌 tikkeur です。少し抽象化した概念で、事が것 keos、阿呆が바보 pabo、彼が그 keu、といいます。

　咳が기침 kichim で、前後を替えると침기 chimki となり seki と似てきます。山茶花산다화 sandahwa が sadanhwa になり山茶花「さざんか」になったように、前後の音の入れ替わりということが、ことばの変化の中ででてくる１つのパターンです。このことは後述（擬態語のところで詳しく説明）したいと思います。

「うち」と「おり」

　朝鮮語の우리 uri ということばは「私たち」「私の」「私たちの」としてよく使われることばですが、本来の意味は境界の内側で、우리 uri には檻や小屋という意味もあります。

　日本語の「うち」「内」も境界の内側という意味で、さらに「家」「家族」「身内」「私たち」「私」という意味があります。「うちのおやじ」といいま

すと、朝鮮語では우리 아버지 uri abeoji となります。

　朝鮮語の우리 uri には檻、小屋という用法があると言いましたが、朝鮮語には어리 eori ということばもあります。小さな辞書には載っていませんが、大きな辞書で見つけました。「萩の枝を傘状に編んで、ひよこに被せて逃げ出せないようにしたもの、鶏などを売り歩くときの入れものをいう」とあります。かなり特定された使い方ですが、作り方や行商のイメージから古くからのことばだとわかります。行商用だと鶏十羽以上は入る大きさでしょう。背負うというより、車で引くイメージです。韓流ドラマの時代劇で、政治犯が一人ずつ入れられる車輪つきの搬送用の檻を連想します。日本語の檻も鳥籠よりは大きく、豚小屋や牢屋よりは小さく、ちょうど人が一人ぐらい入る大きさのものです。発音が一致しているだけでなく、微細なニュアンスまで一致しています。

空間・時間・計算

　上が위 ui、横が옆 yeop、間が사이 sai、余りが나머지 nameoji、一寸が조금 chogeum、朝が아침 achim、束が다발 tabar です。

　さらに다발 tabar と意味が似たことばに꾸러미 kkureomi ということばがあります。束とか包の意味で、3束4束と数える時に세 꾸러미 se kkureomi、네 꾸러미 ne kkureomi と使います。辞書に「ひとまとめにくるんだもの」との説明がありました。日本語の包みですよね。

ことばの意味は転化する

　さらに、同じ発音ですが、意味が少しずれて使われている例を紹介しましょう。妹「いも」ということばがあります。現代日本語では姉妹の年下をいいますが、古代には恋人や若い妻を意味しました。現代朝鮮語では이모 imo は子から見ての母の姉妹をさすことばです。妹の次は姉です。現代朝鮮語で아내 anae ということばは妻を意味します。少し変化しています

21

が、いずれも女性との関係を表すことばです。

더러움

　泥と似た発音の朝鮮語に더러움 teoreoum ということばがあります。「汚い」더럽다 teoreopta の語幹더럽 teoreop に、名詞化する움 um をつけ（この時더럽の ㅂ は消え）て더러움 teoreoum「汚れ」になります。どろとよごれは意味が繋がっていませんか。

더미

　富とおなじ発音の朝鮮語に더미 teomi ということばがあります。意味は小山（うず高く積まれたもの）の意味です。富とは財や宝が小山더미 teomi となっていることではないでしょうか？

가지가지

　朝鮮語に가지 kaji ということばがあります。いくつかの意味があって、枝、種、茄子という意味で使われます。가지가지 kajikaji というと、枝々とか種々、数々、多数という意味で使われます。幹から多数の枝が分かれますし、1 本の草木から多数の種ができます。가지 kaji が가지가지 kajikaji と繰り返すことで多数という意味になります。

　日本語の「かず」数もかずかずと繰り返すことで多数という意味になります。そして、日本語でも種々と書いて「しゅじゅ」の他に「かずかず」とも読みます。

22

第1部　たくさんの類似語と文法の一致

3　擬態語をよく使い、一致するものが多い

　擬音語や擬態語は擬声語とかオノマトペと総称されます。ことばの発生の原始的な姿です。擬音語は音そのものから言語化しているので、万国共通なところがありますが、擬態語となると状態を言語にするので共通点はより少なくなります。また、形容詞や副詞が形成されるなど、言語が発展していくのに伴って、擬態語は消えていく傾向にあります。ところが、朝鮮語と日本語では多数の擬態語が存在し、今も日常会話で頻繁に使用されているのです。しかも共通したことば、即ち、同一ないし近似（同音同義）、また、変化（音・義の変化）の関係にあるものがたくさんあります。それを、五十音順に紹介します。

うじゃうじゃ、うようよ、うずうず、うとうと、うんうん

　「うじゃうじゃ」は朝鮮語では움실움실 umsirumsir といい、「うようよ」は우글우글 ugeurugeur といいます。「うずうず」は근질근질 keunchirkeunchir といい、「うとうと」眠る様子は꾸벅꾸벅 kkubeokkkubeok といいます。また、唸る様子を「うんうん」といいますが、これは끙끙 kkeungkkeung といいます。後半の3つは朝鮮語のユ keu、꾸 kku、끄 kkeu が日本語の「う」に対応しています。

かさかさ、がさがさ、かたかた、がたん

　「かさかさ」「がさがさ」は表面が乾燥しているさまですが、朝鮮語では가슬가슬 kaseurkaseur 까칠까칠 kkachirkkachir といいます。「かたかた」は달그락달그락 targeuraktargeurak です。「がたん」は우당탕 udangtang、덜거덩 teorgeodeong などがあります。

23

きゃっきゃっ、ぎゅうぎゅう、くすくす、くっくっ

「きゃっきゃっ」は깔깔 kkarkkar と一致しています。「ぎゅうぎゅう」は꾹꾹 kkukkkuk、「くすくす」は깰깰 kkaerkkaer で、「くっくっ」は킬킬 kirkir で近似です。

くどくど、くねくね

「くどくど」は구시렁구시렁 kusireongkusireong です。「くねくね」は구불구불 kuburkubur です。

くるくる

「くるくる」は回転するさまを表すことばですが、또르르 ttoreureu（ここで、母音で終わる擬態語が初めて登場しました！）があります。他に、빙글 pinggeur があり、似た表現です。빙글 pinggeur から빙 ping が取れると글 keur になります。

こくりこくり、こっくり

「こくりこくり」というと「うとうと」のように浅く眠る様子のようですが、「こっくり」がうなずく動作で頭を上から下へ動かす動作からきています。眠りかけた時に頭をカクッと落とす様子から「こくりこくり」はできています。朝鮮語でも꾸벅꾸벅 kkubeokkkubeok といい、頭を下げる様子をあらわし、居眠りにも使われます。kokuri とは、k が 2 か所と、順序が変わりますが u と eo が一致しています。

ごちゃごちゃ

　「ごちゃごちゃ」は복작복작 pokchakpokchak で、p を g に替えると一致です。

さくさく、さっさ、さっぱり、さばさば

　「さくさく」はりんごや梨をかむ時の音や様子を表すものです。スムーズに噛み切れる様子を表現しています。朝鮮語でも「さくさく」は사근사근 sageunsageun で一致しています。他に사각사각 sagaksagak、써걱써걱 sseogeoksseogeok 等の微妙に違う表現があります。

　抵抗なくすぐに終えると「さっさ」と済ませたといいます。「さっさ」は썩썩 sseoksseok といいます。

　汚れがきれいにとれると「さっぱり」します。「さっぱり」は개운하다 kaeunada、시원하다 siwonada、산뜻하다 santteutada（sa が一致）が一般的ですが、もっと日本語に似ている사뿐하다 sappunada（sapp a が一致）ということばもあります。

　人間も物事にこだわらない人は「さばさば」した人です。日本語の「さばさば」に対応する朝鮮語のことばはありませんが、사바사바 sabasaba「わいろ」ということばがあります。昔、「さば」を日本の役人にわいろとして贈ったことが起源だとの説（日本語起源説）もありますが、大衆魚で取引も箱単位でされて「さばを読む」（適当に数える意味）ということばが生まれた魚が「わいろ」になるとは、到底考えられません。そっと隠れて渡して、物事が抵抗なく素早くすすむことを期待してするのが「わいろ」かと思いますので、元々사바사바 sabasaba という朝鮮語（意味は「そっと隠れて物事が抵抗なくすすむ」のような）があって、それが「わいろ」を意味するようになってから、元の意味が消えてしまったというのはいかがでしょうか。よくすべるように「油をさす」を朝鮮語で기름치다 kireum **chi**da と

いいますが、「油をさす」は、朝鮮語、日本語とも俗語で「わいろをする」という意味でも使われます。日本語では他に「袖の下を贈る」「鼻薬を効かす」など隠語が多いのが「わいろ」の特徴です。

また、사 sa「さ」には抵抗なく早く進むという語感があります。同様に「するっ」「そうっ」もそうです。そして、他人に気づかれず、隠れてことを進めるという語感があります。사분사분 sabunsabun「そっと」、사붓사붓 sabussabus「そっと」ということばもあります。사바사바 sabasaba「わいろ」は日本語の「さば」が起源ではなく、固有の朝鮮語が語源だと私は考えます。

さらさら

小川が流れる様子が「さらさら」ですが、朝鮮語で졸졸 chorchor といいます。日本語の「ちょろちょろ」に近い発音です。「ざあざあ」流れるは、朝鮮語で줄줄 churchur になります。これも「ちゅるちゅる」に近い発音です。

しつこく

「しつこく」を지드럭지드럭 chideureokchideureok や지근덕지근덕 chigeundeokchigeundeok といいます。似ているとは思いませんか。

しとしと、しっとり

축축 chokchok、축축 chukchuk は「しきりに垂れ下がる様子」「たらたら」を表すことばですが、축축하다 chokchokhada、축축하다 chukchukhada や눅눅하다 nuknukhada となると「湿ってやわらかい様子」「しっとり」という意味になります。

すくすく、すやすや、するっ、ずるずる

「すくすく」は쑥쑥 ssukssuk で一致しています。「すやすや」は쌕쌕 ssaek ssaek で少し違いますが、語感は似ています。「するっ」「するする」は사르르 sareureu、수르르 sureureu、스르르 seureureu です。「ずるずる」は、重い物を強い力で引きずる様子ですが、朝鮮語でも질질 chirchir と s 音よりも強い ch 音を使った表現です。

そうっ、そよそよ、そわそわ

「そうっ」は소르르 soreureu です。「そよそよ」は선들선들 seondeurseondeur です。そして、「そわそわ」は서성서성 seoseongseoseong と、술렁술렁 surreongsurreong、들썩들썩 teursseokteursseok があります。

たまたま、たらたら、たぷたぷ、たっぷり

「たまたま」は드문드문 teumunteumun で似ています。

「たらたら」は汗がしつこく続くさまや、不満の言い方でしつこく続くさまをいいますが、朝鮮語でもしつこくという意味で다락다락 tarak tarak ということばがあります。

「たぷたぷ」「たっぷり」はたくさん入ったさまを表現していますが、朝鮮語では다뿍 tappuk や담뿍 tamppuk と使います。다뿍 tappuk「いっぱい＝たぷたぷ」と담뿍 tamppuk「たっぷり」、朝鮮語と日本語が似ているだけでなく、朝鮮語同士、日本語同士も関連性があります。

ちくちく、ちょまちょま、ちびちび、ちょろちょろ

「ちくちく」は針で刺されるような痛みを表現しますが、朝鮮語でも지

근지근 chigeunchigeun といいます。「ちょまちょま」は小さいものが集まっている様ですが、朝鮮語でも졸망졸망 chormangchormang です。「ちょろちょろ」は少しずつ流れるようで、朝鮮語でも조록조록 chorokchorok です。「ちびちび」は少しずつ飲み込むようで찔끔찔끔 cchirkkeumcchirkkeum と chi が一致しています。日本語の「ち」の語感はちいさいことですが、朝鮮語でも지 chi の語感は「ちいさい」작다 chakta です。

つるつる、つるる

「つるつる」「つるる」は반들반들 pandeurpandeur 반드르르 pandeureureu といいます。一見まったく違うことばに見えますが、pan を取って、d を t に清音化すれば teurteur と teureureu になります。

どきどき、とぼとぼ

心臓の鼓動のたかまりを「ドキドキ」「ドックンドックン」といいますが、朝鮮語では두근두근 tugeundugeun です。

落ち込んで歩く様子を「とぼとぼ」といいますが、朝鮮語でも터벅터벅 teobeokteobeok で一致しています。

どぼんどぼん

擬音語に近い表現ですが、大きくて重いものが水に落ちたときの様子です。朝鮮語でも덤벙덤벙 teombongdeombong といいます。

なみなみ、なよなよ

日本語では、水があふれんばかりに入った状況を「なみなみ」といいますが、朝鮮語に남실남실 namsirnamsir ということばがあります。nam と i

が共通しています。これはたっぷり入った水がゆれるさまに使われます。どちらかというと「波」に近い用法です。日本語の「なみなみ」も昔はあふれることよりも波打つということに意味があったのかもしれません。「なよなよ」はやわらかい動きで、女性的な仕草に使われますが、朝鮮語では나근나근 nageunnageun といいます。na の部分が共通しています。

にゃんにゃん

「にゃんにゃん」は猫の鳴き声ではなくて、乳児がもぐもぐする様子を表すときや、母親が「にゃんにゃんしてあげるね」と固いものを咀嚼して子供にあげるときに使います。朝鮮語でも同じで、냠냠 nyamnyam といいます。

のそのそ、のろのろ、のらり

「のそのそ」は어슬렁어슬렁 eoseureongeoseureong ですが、n を語頭に付けると neoseureongneoseureong になり、そっくりです。「のろのろ」は느릿느릿 neurineuri で、「のろい」は느리다 neurida といいます。「のらりくらり」の「のらり」は노라리 norari で完全に一致しています。

はあはあ

「はあはあ」「ひいひい」「ふうふう」「ぜえぜえ」荒い息をする様をいいますが、朝鮮語では헐떡헐떡 heortteokheortteok といいます。

ぱさぱさ

「かさかさ」のように水気がない様を「ぱさぱさ」ともいいますが、これも朝鮮語で파삭파삭 pasakpasak で一致しています。

ぱさっ、ぱたっ、ぱっくり

朽ちて崩れる様を「ぱさっ」と表現しますが、朝鮮語でも곽삭 paksak といいます。

倒れたり、閉じたりの「ぱたっ」は朝鮮語で곽 pak です。

穴が「ぱっくり」は朝鮮語で빠끔 ppakeum です。

ぱくぱく

口をしきりに開いたり閉じたりする「ぱくぱく」は朝鮮語で뻐끔뻐끔 ppeokkeumppeokkeum です。

ぱたぱた、ばたばた

「ばたばた」「ぱたぱた」「はたはた」は日本語でも微妙な表現の差を表わしていますが、朝鮮語でも발딱발딱 parttakparttak、퍼덕퍼덕 **p**eodeok**p**eodeok、벌룩벌룩 peorrukpeorruk、벌름벌름 peorreumpeorreum で微妙な表現の差があります。いずれも非常に似ています。

朝鮮語で旗（旗竿部分を含む）のことは漢字の音で기 ki といいますが、はためく部分은짓（旗ㅅ）발 kispar です。발 par と「ぱた」「旗」はつながっています。

はらはら、ぱらぱら、ひらひら

「はらはら」「ぱらぱら」「ひらひら」は、静かに、少しずつ、乾いた枯れ葉が舞い散る様子を表わしたことばですが、朝鮮語では팔랑팔랑 **p**arrang**p**arrang と팔락팔락 **p**arrak**p**arrak があります。

第 1 部　たくさんの類似語と文法の一致

ふうふう

息を吐くときの様子ですが、朝鮮語でも후후 huhu といいます。

ぶくぶく、ぷくぷく

「ぶくぶく」「ぷくぷく」と泡が立つ様子ですが、부글부글 pugeurpugeur
です。

ふにゃふにゃ

흐물흐물 heumurheumur は「ふにゃふにゃ」「ぐにゃぐにゃ」という意
味です。

ふらふら、ぶらぶら、ぶるぶる、ふわふわ

左右にゆっくり揺れる「ふらふら」が흔들흔들 heundeurheundeur、垂れ
下がって揺れる「ぶらぶら」が흐늘흐늘 heuneurheuneur、小刻みに揺れる
「ぶるぶる」が부들부들 pudeurpudeur と푸들푸들 pudeurpudeur があります。
上下にゆっくり揺れる「ふわふわ」が홀홀 horhor です。

ぽっぽっ、ぼうぼう

機関車が蒸気を吐く様を「しゅっしゅっぽっぽ」といいますが、朝鮮語
でも칙칙폭폭 chikchikpokpok です。火の燃えあがる様を「ぼうぼう」とい
いますが、それは펄펄 peorpeor といいます。

31

まじまじ

「まじまじ」は目を大きく見開いてじっと見る様子ですが、朝鮮語では말똥말똥 marttongmarttong といいます。

むらむら、もくもく、もじもじ、もやもや

「むらむら」は무럭무럭 mureokmureok で、「もくもく」は모락모락 morakmorak で、「もじもじ」は멈칫멈칫 meomchismeomchis で一致しています。

わなわな

「わなわな」は体が震える様で、朝鮮語でも와들와들 wadeurwadeur です。

音の前後を入れ替えて

「ちゃぱちゃぱ」と「ぱちゃぱちゃ」は、浅い水たまりの上を歩いたりするときの音を表現したものですが、前の音と後の音を入れ替えても通用します。朝鮮語では찰박찰박 charbakcharbak といいます。ちゃぱちゃぱですよね。

「ちょこちょこ」動くと「こちょこちょ」動くでは、若干のニュアンスの違いがありますが、似ています。朝鮮語では、강장 kangjang、강종 kangjong、경정 keongjeong、경중 keongjung、껑쭝 kkeongcchung、껑청 kkeongcheong、껑충 kkeongchung など、アヒルのよちよち歩きを表現することばです。강종 kangjong、껑청 kkeongchong が「こちょ」に近い発音です。

32

꿀꺽꿀꺽

　ビールを飲む時の「ごくごく」はどうでしょう。「くごくご」という言い方は日本語にはありませんが、雰囲気があると思いませんか？　朝鮮語では勢いよく飲むのは꿀꺽꿀꺽 kkurkkeokkkurkkeok で、前後を入れ替えると kkeokkurkkeokkur です。

질겅질겅

　口の中でガムなど粘つくものを噛む時の音や様子を「くちゃくちゃ」といいますが、朝鮮語では질겅질겅 chirgeongchirgeong といいます。前音と後音を入れ替えると겅질겅질 keongjirgeongjir になります。

살금살금

　「こそこそ」は朝鮮語では살금살금 sargeumsargeum、슬금슬금 seurgeum seurgeum といいます。これも前後を入れ替えると금살금살 keumsarkeumsar、금슬금슬 keumseurkeumseur でとても似た発音になります。

누글누글

　やわらかくなって、ねじまがる時の様子を「ぐにゃぐにゃ」といいますが、朝鮮語では누글누글 nugeurnugeur といいます。前後を入れ替えると글누글누 keurnugeurnu になります。

꼬박꼬박

　頭を何度も下げる様子を「ぺこぺこ」と表現しますが、朝鮮語では꼬박

꼬박 kkobakkkobak といいます。前後を入れ替えると 박꼬박꼬 pakkobakko になります。

　以上、擬態語がたくさん残っていて、今も盛んに使われ、朝日で共通のところが多いのを理解していただけたと思います。

　そして、大半の擬態語が同じことばを2度繰り返すというのもアルタイ語族の特徴といわれています。

〈アルタイ語族〉

　モンゴルのアルタイ山脈に由来する命名で、日本語と同じ語順（主語＋目的語＋動詞）で、名詞や動詞の語幹＋接尾詞（助詞）を付けて活用させるなどの特徴を共有しています。モンゴル語、チュルク語、ツングース語、夫余語、朝鮮語、日本語のグループをいいます。以前はトルコなどのウラル語族を加えて、ウラルアルタイ語族とし、世界3大語族の1つと言われていました。

4　共通する動詞群

　動詞の中にも朝鮮語と日本語には発音と意味が似ていることばがたくさんありますが、その紹介をする前に朝鮮語と日本語の動詞が作られていく過程について考えてみたいと思います。鳴き声から動物などの名前が作られていく話をしました。そして、擬態語というのが朝鮮語と日本語にはたくさん残っていることも話しました。さらに、この擬態語から動詞や形容詞が作られていくのです。まずは動詞から始めましょう。

擬態語からの動詞

깜짝깜짝 kkamcchakkkamcchak は「ぱちぱち」まばたきする様子をあらわす擬態語です。この깜짝に－거리다がついて깜짝거리다 kkamcchakkeorida「しきりにまばたきする」という動詞になります。－거리다は反復する擬態語のすべてに付くといっても過言でないくらい使われます。そして깜짝거리다 kkamcchakkeorida「しきりにまばたきする」に「びっくりする」という意味合いができてきます。

움직이다

움직움직 umchikumchik「うじゃうじゃ」も、움직거리다 umchikkeorida「しきりにうじゃうじゃする」となり、움직이다 umchigida「うごく」「うごかす」という動詞になります。日本語でも「うじゃ」から「うじゃうじゃする」→「うじゃる」→「うごく」が派生したとも考えられます。

답작이다

답작답작 tapchaktapchak「しきりに口出しする様子」が、답작거리다 tapchakkeorida と답작이다 tapchagida ともに「おせっかいをやく」となります。

들썩이다

들썩들썩 teursseokteursseok「そわそわ」が들썩거리다 teursseokkeorida「しきりにそわそわする」となり、들썩이다 teursseogida「うきうきする」「そそのかす」となります。

뒤적이다

뒤적뒤적 tuijeoktuijeok「ごそごそ」が뒤적거리다 tuijeokkeorida「しきりにごそごそする」となり、뒤적이다 tuijeogida で「（ひっかきまわして）さがす」となります。

딸랑이다

딸랑딸랑 ttarrangttarrang「ちりんちりん」は딸랑거리다 ttarranggeorida「しきりにちりんちりんする」「鳴らす（鳴る）」となり、딸랑이다 ttarrangida で「鳴らす」「鳴る」となります。

비죽이다

비죽비죽 pijukpijuk は「にょきにょき」と筍が成長する様を意味しますが、他に唇をぴくぴくさせる様という意味があります。後のほうの意味が発展して、비죽거리다 pijukkeorida、비죽이다 pijugida が「ぴくぴくする」という動詞になっています。

제끼다

제꺽제꺽 chekkeokchekkeok は固いものが折れる様子で日本語の「ぽきぽき」にあたります。제꺽거리다 chekkeokkeorida は「ぽきぽきする」となり、（제꺽＋이다）⇒제끼다 chekkida「てきぱき処理する」「さっさと処理する」になっています。似たことばで제치다 chechida「取り除く」ということばもあります。これも派生してきたことばかもしれません。

36

속닥이다

속닥속닥 soktaksoktak「ひそひそ」は속닥거리다 soktakkeorida「しきりに
ひそひそする」、속닥이다 soktagida「ささやく」となります。

울렁이다

울렁울렁 urreongurreong「むらむら」「ゆらゆら」「わくわく」と幅の広
い意味合いを持つことばですが、울렁거리다 urreonggeorida、울렁이다
urreongida ともに「わくわくする」という動詞として使われています。

울먹이다

울먹울먹 urmeokurmeok「うるうる（泣き出しそうな様子）」は울먹거리다
urmeokkeorida も울먹이다 urmeogida とともに「泣き出しそうになる」とい
う動詞になります。ここで問題となるのは울다 urda「泣く」「鳴く」との
関係です。単純から複雑という法則からは울다から울먹が派生したとも考
えられますが、擬態語から動詞の流れからは울먹→울먹이다→울다が妥当
だと考えます。

파닥이다

파닥파닥 padakpadak は鳥が「ぱたぱた」、魚が「ぴちぴち」跳ねる様で
すが、파닥거리다 padakkeorida「ぱたぱた、ぴちぴち」から파닥이다
padagida「羽ばたく」「飛び跳ねる」と発展しています。

망설이다はあって、멈칫이다はない

　망설망설 mangseormangseor「もじもじ」は、망설거리다 mangseorkeorida「しきりにもじもじする」、망설이다 mangseorida「ためらう」となります。同じ意味の、より日本語に近い멈칫멈칫 meomchismeomchis「もじもじ」は、멈칫거리다 meomchiskeorida「しきりにもじもじする」にはなっても、멈칫이다とはなっていません。朝鮮語の主流ではなかった（百済語）かも知れません。

펄럭이다

　펄럭펄럭 peorreokpeorreok「ぱたぱた」は펄럭거리다 peorreokkeorida「しきりにぱたぱたする」を経て、펄럭이다 peorreogida「旗めく」と変化します。

꼬기다

　꼬깃꼬깃 kkogiskkogis は紙などが「くしゃくしゃ」になる様子を表していますが、この動詞型は꼬기다 kkogida といいます。꼬기 kkogi は語尾が母音ㅣで終わっているので이다 ida ではなく다 da が付いています。

비비다

　비비적비비적 pibijeokpibijeok は「ごしごし」こする様子を表す擬態語ですが、비비적거리다 pibijeokkeorida は「こすり続ける」「もみ続ける」という動詞になります。この縮約形が비빚거리다 pibichkeorida です。そして비비다 pibida は「こする」「もむ」という動詞ですが、さらに「混ぜ合わせる」「混ぜる」という意味を獲得します。

나물을 넣어 밥을 비비다 namureur neoheo pabeur pibida「ナムルを入れて
ご飯を混ぜ合わせる」と使います。そして、비빔밥 pibimpap「混ぜご飯」
「ビビンバ」という料理の名前ができあがります。

흔덕이다と흔들다

　흔덕흔덕 heundeokheundeok、흔들 heundeur は「ふらふら」「ゆらゆら」
という擬態語ですが、흔덕は흔덕거리다 heundeokkeorida と흔덕이다
heundeogida「揺らす」「揺れる」になり、흔들 heundeur の方はそのまま다
da を付けて흔들다 heundeurda「振る」「揺らす」になります。
　日本語でも「ぱたぱた」は「はためく」「はためかす」となり、「ふらふ
ら」は「ふる」「ふれる」に繋がり、「ゆらゆら」は「ゆらす」「ゆれる」
に繋がっています。擬態語から動詞へと変化するということにも共通する
ものがあります。

動詞の再整理（日本語）

　以上、擬態語から動詞へと変化する例を紹介しましたが、原始的な動詞
は、このように擬態語から派生してきたのでしょう。そして、多くの動詞
の概念ができてくると、やがて記号化され整理されてきます。
　日本語の動詞（終止形）は、「ある」在る、「いる」居る、射る、「うる」
売る、「える」得る、「おる」折る、織る、「かる」借る、刈る、狩る、駆
る……「1音＋る」の形で52個ほどの動詞が作られています。また「1音
＋く」で「あく」開く、飽く、「いく」行く、「うく」浮く、「おく」置く
など35個ほどの動詞が作られ、「1音＋む」で「あむ」編む、「いむ」忌む、
「うむ」産む、倦む、膿む、「かむ」噛む、「くむ」組む、「こむ」混む、「し
む」染む、「すむ」住む、澄む、「つむ」摘む、積む、「とむ」富む、「のむ」
飲む、「ふむ」踏む、「もむ」揉む、「やむ」止む、病む、「よむ」読むと
20個ほどの動詞が作られます。さらに「1音＋す」で「おす」押す、「かす」

貸す、「きす」帰す、「けす」消す、「こす」越すなど17個の動詞、「1音＋う」の形で「あう」会う、合う、「いう」言う、「おう」負うなど15個の動詞が作られ、「1音＋つ」で「うつ」打つ、「かつ」勝つ、「たつ」立つ、断つ、経つ、発つ、「まつ」待つ、「みつ」満つ、「もつ」持つと9個の動詞が作られています。その他2音以上＋「る」「う」「く」「す」「む」で「かおる」「におう」「うごく」「かわす」「とどめる」「いざなう」「ときめく」「くらます」「はぐくむ」「はぐらかす」「いつくしむ」などがあります。このように日本語の動詞はすべて「う段」で終わり、非常に整理されて記号化されています。これらは「自然発生的に作られた動詞が再整理をされた」結果だと考えます。

動詞の再整理（朝鮮語）

　朝鮮語もかなりの数の動詞が規則的に作られています。다 ta/da は動詞と形容詞に必ずつく終止語で、다 ta/da の前の部分が語幹と呼ばれます。語幹が1音節のことばを받침 patchim の種類別でまとめてみました。

1音節

　一番多いのが、1音節（받침 patchim なし）＋다 ta/da です。가다 kada 行く 개다 kaeda 晴れる、고다 koda 煮込む、괴다 koeda 淀む、기다 kida 這う、까다 kkada 皮をむく、깨다 kkaeda 起きる、꼬다 kkoda 縒る、꾸다 kkuda 夢みる、끄다 kkeuda 消す、끼다 kkida 加わる、나다 nada 生じる・出る、내다 naeda 出す、누다 nuda 排泄する、대다 taeda 間に合う、데다 teda 火傷する、되다 toeda になる、두다 tuda 置く、따다 ttada 摘む、떼다 tteda 剥ぐ、뙤다 ttoeda 裂ける、뛰다 ttuida 走る、뜨다 tteuda 浮く、띠다 ttida 締める、마다 mada 壊す、매다 maeda 結ぶ、메다 meda 塞がる、미다 mida 穴を空ける、배다 paeda 孕む、베다 peda 切る、보다 poda 見る、뵈다 poeda お目にかかる、비다 pida 空く、빼다 ppaeda 抜く、삐다 ppida 挫く、사다 sada 買う、

새다 saeda 漏れる、세다 seda 数える、쇠다 soeda 祝う、쉬다 suida 休む、싸다 ssada 包む、째다 ssaeda ざらにある、써다 sseoda （潮が）引く、쏘다 ssoda 射る、쐬다 ssoeda 光を浴びる、쑤다 ssuda 粥を炊く、쓰다 sseuda 書く、使う、에다 eda 抉る、이다 ida である、오다 oda 来る、자다 chada 寝る、재다 chaeda 測る、죄다 choeda 引き締める、주다 chuda あたえる・くれる、쥐다 chuida つかむ、지다 chida 散る・落ちる・負ける、짜다 cchada 組む、째다 cchaeda 裂く、쪼다 cchoda つつく、찌다 cchida 蒸す、차다 **ch**ada 蹴る、채다 **ch**aeda 気づく、추다 **ch**uda おどる、치다 **ch**ida 打つ、캐다 **k**aeda 掘る、켜다 **ky**eoda 火をつける、크다 **k**euda 大きくなる、타다 **t**ada 乗る、튀다 tuida はじける、트다 teuda ひび割れる、파다 **p**ada 掘る、패다 **p**aeda 穂が出る、펴다 **py**eoda 広げる、푸다 **p**uda 汲む、피다 **p**ida 咲く、하다 hada する、헤다 hoeda 泳ぐ、휘다 huida 反るです。実に 79 もの動詞が받침 patchim 無しの 1 音節＋다で作られています（勿論、私が調べた範囲での話です）。

ㄹ받침

1 音節（ㄹ받침 r patchim）＋다 da としては、갈다 karda 変える、걸다 keorda 掛ける、골다 korda （いびきを）かく、깔다 kkarda 敷く、끌다 kkeurda 引っ張る、날다 narda 飛ぶ、널다 neorda （洗濯物を）広げておく、놀다 norda 遊ぶ、늘다 neurda 伸びる、달다 tarda 垂らす、덜다 teorda 減らす、돌다 torda 回る、들다 teurda 入る、떨다 tteorda 震える、말다 marda 巻く、몰다 morda 追いやる、물다 murda 噛む、밀다 mirda 押す、살다 sarda 生きる、슬다 seurda 黴る、쓸다 sseurda 掃く、알다 arda 知る、얼다 eorda 凍る、열다 yeorda 開く、울다 urda 泣く、일다 irda 起こる、벌다 peorda 稼ぐ、불다 purda 吹く、빌다 pirda 祈る、빨다 pparda 洗う、절다 cheorda 漬かる、졸다 chorda うとうとする、줄다 churda 減る、팔다 **p**arda 売る、풀다 **p**urda ほどく、헐다 heorda 崩すなどの動詞ができています。

ㅂ받침

1音節（ㅂ받침 p patchim）＋다 ta として、굽다 kupta 曲がる、깁다 kipta 繕う、꼽다 kkopta 数える、눕다 nupta 横になる、돕다 topta 助ける、뵙다 poepta お目にかかる、뽑다 ppopta 抜く、씹다 ssipta 噛む、업다 eopta 背負う、입다 ipta 着る、잡다 chapta 掴む、접다 cheopta 折る、줍다 chupta 拾う、집다 chipta 摘むなどの動詞が作られています。

ㄷ받침

1音節（ㄷ받침 t patchim）＋다 ta として、걷다 keotta 歩く・晴れる、긷다 kitta 水を汲む、닫다 tatta 閉じる・走る、돋다 totta（陽が）昇る、듣다 teutta 聞く、뜯다 tteutta 剥がす、묻다 mutta 埋める・問う・付く、믿다 mitta 信じる、받다 patta 受ける、뻗다 ppeotta 伸びる、싣다 sitta 積む、쏟다 ssotta こぼす、얻다 eotta 貰うなどの動詞があります。

ㅅ받침

1音節（ㅅ받침 s patchim）＋다 ta として、긋다 keusta（線を）引く、짓다 kista 生い茂る、낫다 nasta 癒える、벗다 peosta 脱ぐ、붓다 pusta そそぐ、솟다 sosta 湧く、씻다 ssista 洗う、앗다 asta 奪い取る、웃다 usta 笑う、잇다 ista 結ぶ、젓다 cheosta 振る、짓다 chista 作るなどの動詞が作られています。

ㄱ받침

1音節（ㄱ받침 k patchim）＋다 ta として、녹다 nokta 溶ける、막다 makta 塞ぐ、먹다 meokta 食べる、박다 pakta 打つ、속다 sokta 騙される、숙다 sukta（前に）傾く、식다 sikta 冷める、썩다 sseokta 腐る、적다 cheokta 記す、

죽다 chukta 死ぬ、찍다 cchikta 付けるなどの動詞が作られています。

ㅁ받침

1 音節（ㅁ받침 m patchim）＋다 da として、감다 kamda（目を）つむる、검다 keomda かき集める、남다 namda 余る、넘다 neomda 越す、담다 tamda 盛る、뿜다 ppumda 吹く、삼다 samda にする、숨다 sumda 隠れる、심다 simda 植える、참다 chamda 堪える、품다 pumda 抱くなどの動詞が作られています。

ㅈ받침

1 音節（ㅈ받침 ch patchim）＋다 ta として、꽂다 kkochta 挿す、맞다 machta 合う、맺다 maechta 結ぶ、잊다 ichta 忘れる、잦다 chachta 干上がる、젖다 cheochta 浸る、찢다 cchichta 裂く、찾다 chachta 探すなどの動詞が作られています。

その他の받침

1 音節（ㄲ받침 kk patchim）＋다 ta として、깎다 kkakkta 削る、꺾다 kkeokkta 折る、겪다 kyeokkta 経る、묶다 mukkta くくる、볶다 pokkta 炒める、섞다 seokkta 混ぜるなどの動詞ができます。

1 音節（ㄾ받침 rh patchim）＋다 ta として、끓다 kkeurhta 沸く、닳다 tarhta 擦れる、뚫다 tturhta（穴を）開ける、앓다 arhta 病む、잃다 irhta 失うなどの動詞が作られ、1 音節（ㄻ받침 rm patchim）＋다 ta として、곪다 kormta 膿む、굶다 kurmta 飢える、닮다 tarmta 似る、삶다 sarmta ゆでる、옮다 ormta 移るなどの動詞が作られます。

1 音節（ㅍ받침 p patchim）＋다 ta として、갚다 kapta 返す、덮다 teopta 被う、엎다 eopta 覆す、짚다 chipta（杖を）つくなどの動詞が作られ、1 音節（ㅎ받침 h patchim）＋다 ta として、낳다 nahta 生む、넣다 neohta 入れる、놓다 nohta 置く、닿다 tahta 付くなどの動詞が作られています。

43

1音節（ㅊ받침 **ch** patc**h**im）＋다 ta として、좇다 cho**ch**ta 従う、쫓다 ccho**ch**ta 追う、1音節（ㄴ받침 n patc**h**im）＋다 da として、신다 sinda 履く、안다 anda 抱く、1音節（ㄵ받침 nch patc**h**im）＋다 ta として、앉다 anchta 座る、얹다 eonchta 載せる、1音節（ㄶ받침 nh patc**h**im）＋다 ta として、끊다 kkonhta 評価する、끊다 kkeunhta 切る、1音節（ㅌ받침 **t** patc**h**im）＋다 ta として、맡다 matta 受け持つ、붙다 putta 付く、1音節（ㄾ받침 **t** patc**h**im）＋다 ta として、핥다 hartta 舐める、훑다 hurtta しごくなどの動詞が作られています。

1音節（ㅄ받침 ps patc**h**im）＋다 ta として、없다 eopsta ない、1音節（ㅆ받침 ss patc**h**im）＋다 ta として、있다 issta いる、ある、1音節（ㄼ받침 rp patc**h**im）＋다 ta として、밟다 parpta 踏む、1音節（ㄺ받침 rk patc**h**im）＋다 ta として、읽다 irkta 読むがあります。

以上、받침 patc**h**im 含む1音節＋다として作られる動詞がたくさん存在します。

2音節

それ以外に、가르다 kareuda 分かつ、거르다 keoreuda 濾す、고르다 koreuda 選ぶ・均す、구르다 kureuda 転がる、기르다 kireuda 飼う、끄르다 kkeureuda 解く、나르다 nareuda 運ぶ、누르다 nureuda 押す、도르다 tuoreuda 分配する、두르다 tureuda 纏う、따르다 ttareuda 追う、마르다 mareuda 乾く、모르다 moreuda 知らない、무르다 mureuda 帳消しにする、바르다 pareuda 張る、벼르다 pyeoreuda 狙う、부르다 pureuda 呼ぶ・満腹だ、이르다 ireuda 至る・言う、자르다 chareuda 切る、조르다 choreuda 締める、지르다 chireuda 突く、찌르다 cchireuda 刺すのように、1音節＋르다 reuda の動詞ができています。

さらに、少し変化しているのに 그을다 keueurda 日焼けする、겨루다 kyeoruda 競う、다루다 taruda 扱う、미루다 miruda 延ばすもあります。

勿論、朝鮮語でも日本語でも多音節の動詞も存在します。これらは汎用され愛着があったのか？　再整理を免れたのかもしれません。

動詞の類音類義語

　これまで見てきたように、動詞は朝鮮語と日本語が別れた後で、それぞれの方法で再整理されています。そのために、類音類義語は名詞ほど多くはありませんが、それでもいくつかあります。その紹介から始めましょう。

ㄱ

　갈다 karda は「変える」「換える」「替える」という意味です。kar の a と r の間に e が入ると kaer になります。しかも日本語の「かえる」の内、「帰る」以外の３つに対応した意味を持っています。갈다 karda は他に「研ぐ」「耕す」という別系統のことばもありますが、これは日本語との関連はありません。

　가르다 kareuda「分かつ」という意味のことばがあります。語頭に wa を付ければ wakareu になります。日本語では「分ける」＝分離するという使い方と、「分かる」＝理解するという使い方があります。物事を分解して構造を解明する（分ける）と理解できる（分かる）ことになる訳です。朝鮮語でも가르다 kareuda「分ける」から派生した가르치다 kareuchida は「教える」という意味になります。「教える」には物事を分解して構造を解明することが必要です。このように「教える」と「分かる」は表裏一体のことばです。가르치に名詞化するㅁを付けて가르침 kareuchim「教えること」、「教え」という名詞になります。さらに가리키다 karikida「指し示す」という意味のことばもあります。

　また、物をどんどん分けて細かくなっていくと粉になりますが、朝鮮語では粉を가루 karu といいます。日本語でも、分けるの名詞形「わけ」で粉を表してもいいことになりますが、日本語では「すめらみこと」の名前に別（わけ）がよく使われていますので、「わけ」に権力や支配に関係するべつの意味があったので、粉に「こなれる」の名詞形「こな」を使うよ

うになったのかもしれません。

가두다 kaduda は「囲う」という意味です。ka と u が共通しています。

朝鮮語では굴리다 kurrida が「転がす」で、日本語の「くるり」と発音が似ていて、意味は「くるり」と「転がす」で繋がっています。

他に、감추다 kamchuda が「隠す」、갚다 kapta が「返す」で似たことばです。

기르다 kireuda は「育てる」「伸ばす」という肯定的な意味と「病気などを悪化するままに放置する」という否定的な意味での使い方がありますが、すこし系統のちがう意味で「技術などを身に着ける」という使い方があります。「育てる」から派生して、「修行を積んで、技術などを身につける」となったのか、元々別なことばで発音が一緒なのかは判りませんが、日本語の「着る（身につける）」と繋がっているかもしれません。

깎다 kkakkta は「刈る」という意味です。ka が一致しています。

깨물다 kkaemurda は「噛む」という意味ですが、日本語の kamu に k と m と u が対応しています。そして、噛むという意味で물다 murda ということばもあります。日本語の「かむ」との関係から考えると、깨물다 kkaemurda ということばが古くから使われていて、それが日本語につながり、その後に깨が取れて물다 murda ということばができたとも考えられます。

ㄴ

누비다 nubida は「縫う」「刺し子に縫う」「（人ごみを）縫う」という意味です。縫うと nubida は n と u が一致しています。nubi ⇔ nubu ⇔ nuu と考えられます。

누비다 nubida 以外に、바늘 paneur「針」から派生した바느질하다 paneuchirhada「針仕事をする」と、꿰다 kkuoeda「とおす」「刺し通す」から派生した꿰매다 kkuoemaeda「縫う」「縫い付ける」「縫い合わせる」のように同様の意味のことばがありますが、これらには「刺し子（綿入れキルティング）に縫う」「（人ごみを）縫う」という用法はありません。누비

第1部　たくさんの類似語と文法の一致

다 nubida と日本語の「縫う」だけが、物の間を左右に動きながら前に進んでいく動作を表すことができるのです。

タ

달다 tarda は「垂らす」です。t と a と r が一致しています。

다다르다 tadareuda は「たどる」です。1か所の a と o の相違だけです。

덜다 teorda が「取る」「減らす」です。さらに似た発音の떨다 tteorda が「取る」「振るい落す」です。나는 새도 떨어뜨리다 naneun saedo tteoreotteurida「飛ぶ鳥も落とす」と使われたり、灰재 chae ＋震いおとす떨（다）tteor（da）＋もの이 i で、재떨이 chaetteori「灰皿」となったりしています。

떠들다 tteodeurda が「騒ぐ」「暴く」「となえる」「とどろく」という意味で、「とどろく」と発音が似ています。

マ

말다 marda は「巻く」で、이をつけた名詞形が말이 mari で「巻き」に当たります。厚焼き卵のことを「鶏卵」という漢字の音계란 kyeran に「巻き」말이 mari を使って계란말이 kyeranmari といいます。

맞다 matta は「待つ」で意味も発音も一致します。맞다 matta には「一致する」「合う」「ぶつかる」「たたかれる」「受ける」「待ち受ける」などの意味もあって幅広く使われています。両方向から来た物が出会うことですが、単に「合う」から「似合う」「好みが合う」「計算が合う」「正解する」「一致する」として用法を広げ、受動的に「たたかれる」「受ける」「待ち受ける」「待つ」と用法がどんどん拡大していっています。

日本語では逆に単純化の方向に向かい「待つ」に特化していっています。そして出会うという本来の概念が消え、結果的に出会えない「待ちぼうけ」ということばができてしまいます。

맞다 machta とほとんど同じ発音の맡다 matta は意味も似ていて、「受け

47

持つ」という意味です。その派生形（使役形）맡기다 matkida は「受け持たせる」つまり「任す」です。matkida と makasu、似ています。日本語でも「任せてください」はよく使いますね。それを朝鮮語では맡겨주세요 matkyeo chuseyo といいます。

ㅂ

他に、바르다 pareuda は「貼る」で pareu と haru（古語では paru）で全く一緒です。

ㅅ

살피다 sarpida は「探る」という意味ですが、saguru と s と a と r が一致しています。스미다 seumida は「染みる」で、s、m、i が一致しています。そして、쓸다 sseurda は「擦る kosuru」で sur が一致しています。

ㅇ

업다 eopta「おぶう」、背負うという意味です。op が ob に対応しています。
이르다 ireuda は「至る」という意味と「言う」という意味があります。「いたる」「いう」ともに一致点が多いですね。

ㅈ

지다 chida は「散る」という意味の動詞で chi が一致しています。

ㅎ

헐다 heorda は崩す、朽ちるという意味ですが、似た意味の屠る と発音

48

が似ています。

　흔들다 heundeurda は「振る」で hu と r が一致しています。……けっこう多いでしょう。

共通性が残ったわけ

　日本語との類似を確認した지다 chida 散る、갚다 kapta 返す、갈다 karda 変える、달다 tarda 垂らす、떨다 tteorda 取る、말다 marda 巻く、가르다 kareuda 分かつ、거르다 keoreuda 濾す、이르다 ireuda 至る・言う、바르다 pareuda 貼る、업다 eopta 負うは、1 音節（받침 patchim）＋다 ta/da と 1 音節＋르다 reuda の形です。

　ここで一つの仮説が成立します。朝鮮語と日本語の古い形の共通語源を整理しようという動きが起こり、簡単な構成に当てはめていこうとなった時、元々 1 音節（받침 patchim）＋다 ta/da か 1 音節＋르다 reuda であったことばは改変の必要がなく、朝鮮語の中でそのまま生き残り、日本語の中でも語尾が「る」「つ」「す」等、元々「う段」であったか、「る」「つ」「す」等を付けるだけで、そのまま残ったと考えられます。

　맡기다 matkida「任せる」は、この例外のように見えますが、맡다 matta「受ける（任される）」が生き残った関係でその使役型である맡기다 matkida「任せる」が残ったとも考えられます。

　これ以外で朝鮮語と日本語で類似している動詞に、감추다 kamchuda「隠す」、다다르다 tadareuda「たどる」、떠들다 tteodeurda「とどろく」、살피다 sarpida「探る」、흔들다 heundeurda「振る（う）」、스미다 seumida「染みる」とがありますが、これらは、朝鮮語で 2 音節以上＋다となる系統で、日本語でも 3 音節以上（ふる＝ふるう？）のことばになっています。何らかの理由で朝鮮語でも日本語でも再整理から免れたことばで、共通語源が生き残ったのかもしれません。

49

5 　動詞の活用形と変化

　日本語では「行く」という動詞は (ik)a ない、(ik)i ます、(ik)u、(ik)u 時、(ik)
e ば、(ik)e、(ik)ou と否定、連用、終止、連体、未然、命令、勧誘に aiueo
が付くので 5 段活用と呼ばれる変化をします。大部分の動詞はこの変化で
す。それに対して、「見る」という動詞は (m)i ない、(m)i ます、(m)iru、(m)
iru 時、(m)ire ば、(m)i よ、(m)iyou とすべて i 段で始まるので上 1 段活用
と言われます。「蹴る」という動詞は (k)era ない、(k)eri ます、(k)eru、(k)eru 時、
(k)ere,(k)erou と e 段ではじまるので、下 1 段活用といわれています。また、「来
る」という動詞は (k)onai、(k)imasu、(k)uru、(k)urutoki、(k)ureba、(k)oi、(k)oyou
と変則活用します。
　朝鮮語での動詞の活用は連用形、連体形に加えて過去や未来の時制や敬
語（上称、下称等）によって変化するためにより複雑なものになります。
ただ、基本的に正則という変化をしますが、一部変則型が存在します。

自動詞、他動詞

　動詞には活用形以外に自動詞、他動詞、受動詞、使役動詞という変化も
あります。
　日本語では、「風車を回す」というと、人や風が風車に働きかけて羽根
を動かすことです。このように、働きかける対象を表す「を」に付く動詞
を他動詞といいます。
　そして、「風車が回る」というと、風車の羽根が風を受けて自分で回っ
ていることです。また「風車を回る」というと、「風車の回りを人などが
回る」とか「いくつもの風車を順にまわる」ことになります。風車の羽根
は回りません。このときの「を」は場所を表す「を」で、働きかける対象
の「を」ではありません。「回る」のように、働きかける対象の「を」に

50

付かない動詞を自動詞といいます。

　日本語では「ある」「居る」「来る」「凝る」「散る」「足る」「成る」「似る」「寝る」「乗る」は自動詞で、「煎る」「売る」「得る」「折る」「切る」「繰る」「蹴る」「去る」「知る」「煮る」は他動詞ですが、双方に表記上の区別はありません。さらに、「来る」と「繰る」や「似る」と「煮る」など、同じ音で自動詞のこともあれば他動詞のこともあります。

　朝鮮語にも自動詞자동사 chadongsa と他動詞타동사 tadongsa があり、その漢字表記も定義も日本語と同じです。

　있다 issta「ある」「いる」、오다 oda「来る」、지다 chida「散る」、족하다 chokhada「足る」、되다 toeda「になる」、닮다 tarmta「似る」、눕다 nupta「寝る」、줄다 churda「減る」が자동사 chadongsa「自動詞」で、日本語と同じです。

　볶다 pokkta「煎る」、팔다 parda「売る」、얻다 eotta「得る」、꺾다 kkeokkta「折る」、베다 peda「切る」、차다 chada「蹴る」、떠나다 tteonada「去る」、알다 arda「知る」、끓이다 kkeurhida「煮る」が타동사 tadongsa「他動詞」で、これも日本語とおなじです。

　また、日本語も朝鮮語も、自動詞と他動詞で表記上の区別はありません。

타다　乗る

　ただ、「乗る」という動詞は、日本語では自動詞で「電車を乗る」とは言いませんが、朝鮮語では전차를 타다 cheonchareur tada「電車を乗る」と表現します。他動詞です。日本語と朝鮮語で自動詞か他動詞かの認識が食い違う唯一の例です。

　古代の乗り物といえば馬ですが、これに乗るには相当の訓練を積まないといけません。馬に乗るには馬「を乗りこなす」だけの技量が必要でした。「馬を乗りこなす」という意味合いで말을 타다と言っていたのをブランコやタクシーでも을／를 타다というのではないでしょうか。また、日本語でも「電車を乗りこなす」以外にも「電車を乗り継ぐ」とも言います。

51

自動詞から他動詞へ

　日本語では、「空く」という自動詞に「空ける」という他動詞が対応しています。これは、「付く」と「付ける」、「入る」と「入れる」と同様で、自動詞の語尾が「(r, k)u」で、他動詞の語尾が「(r, k)eru」となっていて、"単純から複雑へ"の法則を適用して、「(r, k)u」から「(r, k)eru」が派生したと考えていいでしょう。「飛ぶ」→「飛ばす」、「泣く」→「泣かす」も、語尾が「u」から「asu」で、同様に「自動詞から他動詞に変化した」と考えるのが自然です。

　朝鮮語でも비다 pida「空く」→비우다 piuda「空ける」、붙다 putta「付く」→붙이다 putida「付ける」、식다 sikta「冷める／冷える」→식히다 sikhida「冷ます／冷やす」、썩다 sseokta「腐る」→썩히다 sseokhida「腐らせる」、굶다 keurmta「飢える」→굶기다 keurmgida「飢えさせる」、웃다 usta「笑う」→웃기다 uskida「笑わす」など우、이、히、리、기がついて変化し、対応する日本語も、自動詞から他動詞がつくられています。

他動詞から自動詞へ

　日本語では「折る」「切る」「割る」という他動詞がまずできて、それが「折れる」「切れる」「割れる」という自動詞に変化したと考えられます（語尾が (r)u から (r)eru になっていることから）。そして、「壊す」、という他動詞が「壊れる」という自動詞になり（su から reru に変化）、「塞ぐ」という他動詞も「塞がる」という自動詞に（語尾が (g)u から (g)aru に）変化していると考えます。

　朝鮮語では、꺾다 keokkta「折る」→꺾이다 keokkida「折れる」、베다 peda「切る」→베이다 peida「切れる」、가르다 kareuda「割る」→갈라지다 karrajida「割れる」、부수다 pusuda「壊す」→부서지다 puseojida「壊れる」、막다 makta「塞ぐ」→막히다 makhida「塞がる」と이 i、히 hi、아／어지다

a/eojida がついて、他動詞から自動詞が派生しています。対応する日本語
も他動詞から自動詞で、同様です。

受動詞、使役動詞

　A が B に行為をしたのを、B の側から見て行為をされるということを表
す動詞を「受動詞」といいます。また、A が B を動かして行為をさせると
いうことを表す動詞を「使役動詞」といいます。これらは基本型の自動詞
や他動詞が変化して作られます。日本語では「(s)areru」「(s)aseru」がつく
形で例外なく規則的に整っています。朝鮮語でも基本型の自動詞や他動詞
の語尾が変化することで作られます。

ㄹ받침からの変化

　ㄹ받침の自動詞は原則的に리が付いて他動詞に変化します。
　날다 narda「飛ぶ」が날리다 narrida「飛ばす」で、늘다 neurda「増える」
と늘리다 neurrida「増やす」、돌다 torda「回る」と돌리다 torrida「回す」、
알다 arda「知る」と알리다 arrida「知らせる」、얼다 orda「凍る」と얼리다
orrida「凍らす」、울다 urda「泣く」と울리다 urrida「泣かす」、살다 sarda「生
きる」と살리다 sarrida「生かす」（他）（使役）となります。
　例外は들다 teurda「入る」からの들이다 teurida「入れる」と、일다 irda「起
こる」からの일으키다 ireukida「起こす」があります。後で項を設けて説
明します。
　ㄹ받침の他動詞は、自動詞に変化するものはすべて리が付く変化です。
갈다 karda「変える」と갈리다 karrida「変わる」、떨다 tteorda「震わす」と
떨리다 tteorchida「震える」、걸다 keorda「掛ける」と걸리다 keorrida「掛か
る」、널다 neorda「広げる」と널리다 neorrida「散らばる」、달다 tarda「垂
らす」と달리다 tarrida「垂れる」、덜다 teorda「減らす」と덜리다 teorrida「減
る」、말다 marda「巻く」と말리다 marrida「めくれる」、몰다 morda「集める」

53

と몰리다 morrida「集まる」、벌다 peorda「稼ぐ」と벌리다 peorrida「儲かる」、썰다 sseorda「刻む」と썰리다 sseorrida「刻まれる」、팔다 parda「売る」と팔리다 parrida「売れる」、풀다 purda「ほどく」と풀리다 purrida「ほどける」、밀다 mirda「押す」と밀리다 mirrida「たまる」です。

리が付いて、受動詞や使役動詞になるものもあります。깔다 kkarda「敷く」と깔리다 kkarrida「敷かれる」（受）、「敷かせる」（使役）、끌다 kkeurda「引っ張る」と끌리다 kkeurrida「引っ張られる」（受）、물다 murda「噛む」と물리다 murrida「噛まれる」（受）「噛ませる」（使役）、불다 purda「吹く」と불리다 purrida「吹かれる」（受）「吹かせる」（使役）、빨다 pparda「洗う」と빨리다 pparrida「洗われる」（受）、「洗わせる」（使役）になります。

골다 korda（いびきを）「かく」、빌다 pirda「祈る」は他動詞のままで変化しません。

들리다 持ち上げられる

들다 teurda は「持ち上げる」（他）と「入る」（自）、（病気に）「かかる」（自）、「いただく（食べるの美化語)」（他）、「晴れる」（自）、「（品）切れる」（自）と多くの意味で使われます。

들다 teurda「持ち上げる」（他）は들리다 teurrid「持ち上げられる」（受）、「持ち上げさせる」（使役）として使われます。

ただし、들리다 teurrida は、「（病気に）かかる」や「（品）切れる」と、元の들다 teurda と同じ意味でも使われるのです。わざわざ리다 rid を付けて言うのには、「代表的な『持ち上げる』（他）や『入る』（自）以外ですよ」との表示など、何等かの意味があるのでしょう。

들이다 入れる

そして들다 teurda「入る」（自）だけは들리다 teurrida にならず、들이다 teurida「入れる」（他）になっています。本来、들다 teurrid「入る」は非常

54

によく使われることばで、連用形들어に오다 oda、가다 kada が付いて、들어오세요 teureooseyo「入って来なさい」、들어가세요 teureogaseyo「入って行きなさい」としても使われます。

　そこで、들이다 teurida「入れる」は、他の意味と区別をするために、들리다でなく들이다となったと考えます。

일으키다 起こす

　일다 irda「起こる」（自）が일으키다 ireukida「起こす」と으키 euki がつく変化をします。ここには何か個別の事情がありそうです。일다 irda の連用形は일어 ireo で、일어나다 ireonada「起き上がる」、일어서다 ireoseoda「立ち上がる」と他の動詞と結合したり、事態が自然に発生する「起こる」から栄える意味の「興る」、沸き立つ、体を立たせる「起きる」と発展したりしてよく使われることばです。ところが辞書には일리다 irrida がありません。

　일には「しごと」「こと」や「日」「一」があり、「しごとです」は일이다 irida と言ったり、「一理」は일리 irri だったり、似たことばがたくさんあります。それで일리다 irrida を避けて、일으키다 ireukida「起こす」となったのではないでしょうか？

ㄷ変則

　実は、듣다 teutta「聞く」という他動詞が自動詞に変化する時に、듣 teut は들 teur に変化（これをㄷ変則といいます）してから、리 ri が付いて、들리다 teurrida「聞こえる」となります。

　걷다 keotta「歩く」（自）も걸리다 keorrida「歩かせる」（使役）に変化（ㄷ変）します。닫다 tatta「走る」（自）も달리다 tarrida「走らせる」（使役）に変化（ㄷ変）します。싣다 sitta「積む」という他動詞も실리다 sirrida「積まれる」（受）「積ませる」（使役）に変化します。

55

また、긷다 kitta「汲む」「すくう」は自動詞や受身動詞、使役動詞にはならないのですが、動詞の連体形が길은となります。そして連用形は길어서となります。連用形に変化する際に ㄹ받침 patchim がついて、その後に아（前が陽母音ㅏㅗ）や어（前が陰母音＝陽母音のほか全て）がつきます。긷が길に変化しますので、「ㄷ変則」です。「水を汲みに井戸へ行く」물을 길러 우물에 가다 mureur kirreo umuroe kada、「湧水を汲んで飲む」샘물을 길어서 마시다 semmureur kireoseo masida と使います。

正則

　また、ㄷ받침でも、ㄹ받침にならず、ㄷ받침のままで変化するものがあり、これを「正則」といいます。묻다 mutta「埋める」（他）は묻히다 muthida「埋まる」（自）に、뜯다 tteutta「取り離す、むしり取る」（他）は뜯기다 tteutkida「取り離される、むしり取られる」と変化します。

ㄹ変則

　自動・他動・受動・使役の変化では、기르다 kireuda「養う」（他）の기르が길になり、리が加わって、길리다 kirrida「養われる」（受）になります。同様に、가르다 kareuda「分かつ」（他）が갈리다 karrida「分かれる」（自）に、누르다 nureuda「押す」（他）が눌리다 nurrida「押される」（受）に、두르다 tureuda「取り巻く」（他）が둘리다 turrida「取り巻かれる」（受）に、바르다 pareuda「張る」「そぐ」「塗る」（他）が발리다 parrida「塗られる」（受）に、부르다 pureuda「呼ぶ」（他）が、불리다 purrida「呼ばれる」（受）となり、자르다 chareuda「切る」（他）が잘리다 charrida「切られる」（受）に、조르다 chuoreuda「締める」（他）が졸리다 chuorrida「締めつけられる」（受）に、찌르다 cchireuda 刺す（他）が찔리다 cchirrida 刺される（受）に、무르다 mureuda「買ったものを返す」（他）が물리다 murrida「買ったものを返させる」（使役）に変化します。

56

구르다 kureuda「転がる」（自）が굴리다 kurrida「転がす」（他）に、마르다 mareuda「乾く」（自）が말리다 marrida「乾かす」（他）に、これら 12 の르다となる動詞は―ㄹ리다が付くこと（르変則）で変化しています。

　そして、거르다 kaoreuda「濾す」、고르다 koreuda「選ぶ」、끄르다 kkeureuda「ほどく」、나르다 nareuda「運ぶ」、도르다 toreuda「分配する」、모르다 moreuda「知らない」、찌르다 cchireuda「突く」、벼르다 pyeoreuda「狙う」の 8 つの他動詞は自動詞、受動詞、使役動詞への変化はありませんが、連用形に変化する際にㄹ받침 patchim がついて、その後に라（前が陽母音ㅏㅗ）や러（前が陰母音）がつきます。これも르変則です。例えば고르다 koreuda「選ぶ」が골라보다 korraboda「選んでみる」、나르다 nareuda「運ぶ」が날라가다 narragada「運んで行く」となり、거르다 keoreuda「濾す」が걸러보다 keorreoboda「濾してみる」、끄르다 kkeureuda「ほどく」が끌러보다 kkeurreopoda「ほどいてみる」となります。

　이르다 ireuda「言う」、この自動詞は連用形が일러となり「르変」です。そして、바치다 pachida「ささげる」がついて、일러바치다 irreobachida「告げ口する」「いいつける」という他動詞や、주다 chuda「くれる」がついて、일러주다 irreochuda「言ってくれる」「言い聞かす」という他動詞ができます。

　ただし、일리다 irrida という他動詞はありません。これは일다 irda「起こる」が일리다 irrida とならず、일으키다 ireukida「起こす」と変化することと関係しているのかも知れません。

러変

　そして、이르다 ireuda「至る」（自）の方は連用形が일러（르変）でなく、이르러となり、（러変）と呼ばれる特殊な変化をします。이르렀다 ireureossta「至った」이르러서야「(に) なってや」と使います。どうも이르다 ireuda「言う」と이르다 ireuda「至る」は、出自は別のようです。

으変則

　따르다 ttareuda「追う」という他動詞は自動詞になりませんし、連用形も딸라（르変則）ではなく、르の＿がㅏになり라となって（으変則）、따라 ttara です。「追って（ついて）行きなさい」は따라가세요 ttaragasoeyo となります。「追って（ついて）きなさい」は따라오세요 ttaraosoeyo となります。

ㄹ리다への道

　以上、動詞の自動・他動・受動・使役に関連して、語尾が—ㄹ다、르다、—ㄷ다（ㄷ変則）のうち（러変、으変以外）—ㄹ리다になることを示しました。そうすると、理屈上は同じ—ㄹ리다に出所が最大で3つ存在することになります。しかし、実際は最大2つまでとなっていて、それほど混雑していません。

　例えば걸리다 keorrida には、걸다 keorda「掛ける」と걷다 keotta「歩く」、거르다 keoreuda「濾す」の3候補がありますが、거르다 keoreuda「濾す」（他）には自動・受動・使役への変化がなく、걸리다 keorrida となるのは걸다 keorta「掛ける」と걷다 keotta「歩く」の2つで、걸리다 keorrida「掛かる」（自）と「歩かせる」（使役）という意味で使われます。

물리다

　また、물리다 murrida には물다 murda、무르다 mureuda、묻다 mutta の3候補がありますが、묻다 mutta「付く」（自）「埋める」（他）「尋ねる」（他）は묻히다 muthida「付ける」（他）「埋もれる」（自）となります。

　물리다 murrida となるのは물다 murda「噛む」と무르다 mureuda「柔らかくなる」の2つで、「噛める」（自）「噛まれる」（受）「（時期）を延ばす」「返品する」（他）「弁償させる」（使役）＜물다（＜は右の言葉から派生した

ことを表す）として、「煮て柔らかくする」＜무르다として使われます。

갈리다

갈리다 karrida には갈다 karda「変える」「研ぐ」「耕す」（他）と가르다 kareuda「分かつ」（他）からの変化がありますが、갇다ということばはもともとありません。갈리다 karrida は「変わる」（自）「替えられる」（受）「替えさせる」（使役）「研がれる」（受）「研がせる」（使役）「耕される」（受）「耕させる」（使役）＜갈다 karda と「分かれる」（自）「分けられる」（受）＜가르다 kareuda の意味で使われます。

달리다

달리다 tarrida には달다 tarda「煮詰まる」（自）「垂らす」「量る」（他）と닫다 tatta「走る」（自）からの変化があります。また、다르다 tareuda ということばもありますが、「他の」という意味の形容詞で動詞ではありません。달리다 tarrida は「不足する」「気力がない」「垂れる」「量られる」（自）＜달다 tarda と「走る」（自）「走らせる」（他）＜닫다 tatta の意味で使われます。「不足する」という意味は「煮詰まる」から派生したのかもしれません。日本語でも「煮詰まる」と「焦げ付く」わけで、在庫が「焦げ付く」というと「不足する」ということを意味します。

들리다

들리다 turrida には들다 turda「かかる」「上げる」「晴れる」「切れる」（自）「持つ」（他）からと듣다 tutta「聞く」（他）からの変化があり、さらに、드르다ということばはありませんが、들르다 turreuda「立ち寄る」ということばがあって、これが들리다 turrida(口語体)ともいうのです。したがって、들리다 turrida は「かかる」「晴れる」「切れる」（自）「持ち上げられる」

59

（受）「持ち上げさせる」＜들다 turta と「聞こえる」（自）「聞かせる」（使役）の意味＜듣다 tutta に「立ち寄る」という意味＜들르다 turreuda も加わります。

말리다

말리다 marrida は말다 marda「巻く」「やめる」（他）と마르다 mareuda「乾く」（自）からの変化があり、「巻かれる」（自）「巻きこまれる」（受）「やめさす」（使役）＜말다 marda と「乾かす」（他）＜마르다 mareuda の意味で使われます。맏다 matta ということばはありません。

―지 마세요

ところで、말다 marda「やめる」は非常に良く使われることばで、全ての動詞に지 마세요を付けて「しないで」とすることができます。たとえば、하지 마세요 haji maseyo「しないで」、가지 마세요 kaji maseyo「行かないで」、오지 마세요 oji maseyo「来ないで」、먹지 마세요 meokchi maseyo「食べないで」、죽지 마세요 chukchi maseyo「死なないで」と使います。

自動詞⇔他動詞

ㄹ리다や리다、이다、히다、기다は自動詞から他動詞への変化でも使われ、他動詞から自動詞への変化でも使われています。

日本語での「あく」（自動詞）→「あける」（他動詞）と「やく」（他動詞）→「やける」（自動詞）は、く→けると同じ変化ですが、一方は自動詞から他動詞で、他方は他動詞から自動詞への変化となっています。同じ操作で、自動詞・他動詞が変換されることがあるのも朝鮮語と日本語は同じです。

朝鮮語だと判明する親子関係

　日本語では「余る」と「余す」、「治る」と「治す」、「出る」と「出す」は ru と su の対応ですから、その親子関係は不明です。また「溶ける」と「溶かす」、「垂れる」と「垂らす」なども、語尾が「eru」と「asu」で親子関係は不明です。さらに、「変わる」と「変える」、「植わる」と「植える」なども、語尾が「waru」と「eru」で親子関係は不明です。

　しかし、朝鮮語では남다 namda「余る」→남기다 namgida「余す」、나다 nada「出る」と내（나이）다 naeda「出す」と変化しています。このことから対応する日本語も「る ru」から「す su」の方に変化したと考えられます。

　また、심다 simda「植える」と심기다 simgida「植わる」は「える」から「わる」の方に変化したと考えられ、日本語ではわからない変化関係を推測することができます。

　ただ、젖다 cheochta「濡れる」（自）と적시다 cheoksida「濡らす」（他）、녹다 nokta「溶ける」と녹이다 nogida「溶かす」は「eru」から「asu」の変化と考えられますが、달다 tarda「垂らす」（他）と달리다 tarrida「垂れる」（自）、풀다 purda「ほぐす」（他）と풀리다 purrida「ほぐれる」（自）の場合では「a(u)su」から「eru」の変化が考えられ、一致しない現象もみられます。

朝・日で違うもの

　日本語では「開く」から「開ける」が派生したと思われますが、朝鮮語では열다 yeorda「開ける」から열리다 yeorrida「開く」が派生したと思われるという逆の例も存在します。さらに、속다 sokta「騙される」からの속이다 sogida「騙す」もあります。

　このような現象が起こる理由を考える上で参考になる事例があります。

　日本語では「焼く」から「焼ける」が派生したと思われますが、朝鮮語では타다 tada「焼ける」から태우다 taeuda「焼く」が派生したと思われます。

61

ただ、日本語のように、굽다 kupta（他）「焼く」から구워지다 kuweojida（受）「焼かれる」に変化するものもあります。また、굽다 kupta は「魚や炭を焼く」場合に使われ、「火であぶる」に近い表現です。それに対して타다 tada は「家や本を焼く」場合に使われ、基本的に燃える状態になります。타다 tada は「焼ける」でなく「<u>燃える</u>」、태우다 taeuda は「焼く」でなく「<u>燃やす</u>」が正しい対応関係かも知れません。

　また、숨다 sumda「隠れる」からの숨기다 sumgida「隠す」も日本語の変化と逆に見えます。実は、「隠す」には감추다 kamchuda（他）ということばもあります。発音も日本語と似ています。ただし、これには「隠れる」（自）という変化はありません。日本語の系統（高句麗、百済系？ここでは감추다 kamchuda）はその後の発展がなく、別の流れのことば（新羅系？ここでは숨다 sumda「隠れる」）が、朝鮮語の主流となり、その後の発展をしたとも考えられます。日本語との相違が発生したのはこうした事情かもしれません。

他動詞としても自動詞としても使われることば

　他動詞と自動詞の関係を調べていく過程で、朝鮮語には他動詞としても自動詞としても使われることばが沢山あることが分かりました。

　擬態語に이다がついてできる動詞には、自動詞・他動詞の区別がないものが多くあります。움직이다 umchigida「うごく」（自）「うごかす」（他）、딸랑이다 tarrangida「鳴る」（自）「鳴らす」（他）などがあります。原始的な動詞は状態を表して、自動、他動、受動、使役などを区別しなかったと考えられます。

　さらに、가시다 kasida「なくなる」（自）「なくす」（他）、감기다 kamgida「瞼が合わさる」（自）「目を閉じさせる」（他）、그치다 keuchida「やむ」（自）「やめる」（他）、쉬다 suida「休む」（自）「休める」（他）、뛰다 ttuida「跳ぶ」（自）「（順番を）飛ばす」（他）は ida で終わっていて、擬態語＋이다を連想させますが、ida で終わらない形でも自動詞としても他動詞としても使われることばはたくさんあります。

62

떠나다 tteonada は「死ぬ」（自）と「発つ」「断つ」（他）があります。余談ですが、日本語でも「発つ」「断つ」は同じ発音で本来の意味は「離れる」から来ています。朝鮮語でも떠나다 tteonada は「発つ」「断つ」「離れる」という意味を持っています。

받다 patta「受け取る」（他）は、新年のあいさつ새해 복 많이 받으세요 saehae bok mani paduseyo「新年福をたくさん受け取ってください」で汎用されることばです。そして、술이 잘 받다 suri char patta「酒がすいすい入る」というように、抵抗なく体に「すいすい入る」（＝受け付ける）という自動詞としても使われます。

받치다 patchida「こみあげる」（自）は화（火）가 받치다 hwaga patchida「怒りがこみあげる」と使われます。받치다 patchida「支える」（他）は쟁반에 받쳐서 들고 가다 chaengbane patchyeoseo teurgo kada「盆で支えて持っていく」と使われます。似た意味のことばの버티다 peotida は「辛抱する」（自）と「支える」（他）があります。他に、似た意味のことばの괴다 koeda には「よどむ」（自）と「支える」（他）があります。

삗치다 peotchida「広がる」（自）は독이 온몸에 삗치다 togi onmome patchida「毒が体中に広がる」と使われ、삗치다 peotchida「（勢いよく）伸ばす」（他）の用法もあります。似たことばで뻗다 ppeotta「伸びる」（自）「伸ばす」（他）もあります。

붓다 pusta は「腫れる」（自）と「注ぐ」（他）があり、뽐내다 ppomnaeda は「威張る」（自）と「誇る」（他）があり、퍼붓다 peobusta は「激しく降る」（自）と「浴びせる」（他）があります。

あげる、ください

他動詞・自動詞の関係ではありませんが、주다 chuda はあげるという意味でも使われ、くれるという意味でも使われます。どちらも他動詞ですが、私が（主語）だと「あげる」になり、私に（目的格）だと「くれる」になります。

다 줄거야 ta churgeoya という題名の韓流ドラマがありますが、私がという主語が隠れていると考えられるので、これは「全部くれるわ」という意味ではなく、「全部あげるわ」という意味だと思います。주세요 chuseyo というと、「私に」ですから 100%「下さい」になります。料理などの注文に頻回に使うことばです。

本来、주다 chuda は「A から B へ物が移る」ことを意味していると考えるべきでしょう。

日本語の自動詞・他動詞同形

日本語でも自動詞が他動詞的に使われても違和感が無いことばがいくつかあります。まずは「授業を終わる」という言い方です。厳格には「終わらせる」や「終える」ですが、この場合は「終わる」でも通用します。さらに、「吹く」という動詞は、「風が吹く」というときは「風が○○を吹く」とは言えませんので自動詞です。「私が笛を吹く」「くじらが息を吹く」というときは他動詞です。自動詞と他動詞が同じ形「吹く」になっています。同様に「わたしが叫ぶ」「退陣を叫ぶ」と自動詞と他動詞が同じ「叫ぶ」です。これらは、日本語でも同じことばが、自動詞としても他動詞としても使われている珍しい例です。

6　他動詞、自動詞、受動詞、使役動詞の分化

これまで動詞の自動詞・他動詞・受動詞・使役動詞について、朝鮮語と日本語を調べてきました。自動詞と他動詞の相互変換や受動詞や使役動詞

第 1 部　たくさんの類似語と文法の一致

への変化を示してきましたが、この関係を最終的に規定する朝鮮語の補助
動詞の話をします。

지다

　特に自動詞や受動詞を作る지다 chida があります。これは補助動詞とい
われるものです。

　부수다 pusuda「壊す」（他）が부서지다 puseojida「壊れる」（自）となり、
쪼개다 cchogaeda「割る」（他）が쪼개지다 cchogaejida「割れる」（自）と変
化します。他動詞から自動詞ができるパターンです。믿다 mitta「信じる」
（他）はよく使われることばです。「信じてください」は連用形믿어 mideo
に주세요 chuseyo を付けて、믿어주세요 mideojuseyo となります。そして、
「信じられる」は믿어지다 mideojida（自）となります。믿다の連用形믿어
에지다が付いたと考えられます。찢다 cchitta「破る」（他）が찢어지다
cchijeojida「破れる」（自）に、そして、쏟다 ssotta「こぼす」（他）は쏟아
지다 ssodajida「こぼれる」（自）となります。

　受動詞に変化するものとして、얻다 eotta「もらう」（他）は얻어지다
eodeojida「もらわれる」（受）があります。

　닫다 tatta「閉める」（他）는히다が付くことで、닫히다 tathida「閉まる」
（自）「閉められる」（受）となります。これに加えて닫다 tatta「閉める」（他）
の連用形닫아 tada に지다 chida が付いて、닫아지다 tadajida「閉まる」（自）
が作られます。さらに、닫히다 tathida「閉まる」（自）「閉められる」（受）
の連用形닫혀 tathyeo に지다 chida が付いて닫혀지다 tathyeojida「閉められ
る」（受）が作られます。すでに、「閉まる」（自）、「閉められる」（受）と
して使える닫히다 tathida があるのに、わざわざ닫아지다 tadajida「閉まる」
（自）と닫혀지다 tathyeojida「閉められる」（受）を作ったのか？　それは、
自動詞と受動詞を明確に区別したいからでしょう。

　すでに지다 chida と日本語の「散る」の類似性は紹介しましたが、朝鮮
語の지다 chida には、「落ちる」「消える」「負ける」「背にする」「背負う」

65

と多くの意味があり、さらに発展して、自動詞を作ったり、受動詞をつくったりする補助動詞にもなっています。

뜨리다

무느다 muneuda「崩す」(他)から 무너지다 muneojida「崩れる」ができますが、それでも 무느다 muneuda「崩す」(他)のイメージが弱いのか 무너뜨리다 muneotteurida「崩す」という他動詞が出しゃばってきます。

また 허물다 heomurda「崩す」(他)も 허물리다 heomurrida「崩される」(受)、「崩れる」(自)と別れた後、허물어뜨리다 heomureotteurida「崩す」(他)を作ります。この 뜨리다 tteurida は、他動詞について他動詞であることを強調する補助動詞です。

기다、게 하다

굶다 kurmda「飢える」という自動詞は、語幹に 기 を付けると 굶기다 kurmgida「飢えさせる」という使役になります。

さらに 굶주리다 kurmjurida「飢える」ということばもあります。この場合の 주리다 は「飢える」という動詞で、굶(飢えに)주리다(飢える)で「飢える」を強調しています。この 굶주리 に 게 하다 ke hada を付けると 굶주리게 하다 krumjurige hada「飢えに飢えさせてしまう」となります。非常に強調した言い方です。この 게 하다 は動詞に付くと「させる」という使役になる補助動詞です。

動詞の活用の明確化へ

지다、뜨리다、기다、게 하다は「自動詞ですよ」「受動詞ですよ」「他動詞ですよ」「使役動詞ですよ」と明確に意思表示をしていることになります。このように分化してくると、日本語と同様になります。

66

第 1 部　たくさんの類似語と文法の一致

　　ただし、日本語は最終形で整理されていますが、朝鮮語では初期の形も残っていて、それらが混在しています。この混在こそが動詞の自動詞・他動詞・受動詞・使役動詞の発展過程を示しているのです。すでに、닫아지다 tadajida「閉まる」（自）と닫혀지다 tathyeojida「閉められる」（受）の話をしましたが、原始的な形からの発展関係を解明する上で糸口を与えてくれることばとして떨다を紹介しましょう。

　　떨다 tteorda は、「震える」（自）「震わす」（他）両方の意味で使われていました。そのうち「震える」（自）よりも、腕を「震わす」（他）、足を「震わす」（他）、指を「震わす」（他）と言うように「震わす」（他）としての使用が主流になります。そうすると「これは『震える』（自）ですよ」と主張する必要が生じてくるわけです。そして떨리다 tteorrida「震える」（自）という表現がでてきます。さらに、「震わす」（他）が発展して、「震い落す」「払い落す」という意味が生まれてきます。盛んに使われだし、そして「払い落す」と「払い落される」を強調して表現したくなってきます。そこで떨어뜨리다 tteoreotteurida「払い落す」、떨어지다 tteoreojida「払い落される」という進んだ表現方法がでてくるわけです。

① 　原始的な動詞は自動・他動・受動・使役の区別が無かった。

② 　やがて、区別が認識されるようになるが、ことばはそのままであった。

③ 　自動詞として使われることが多いが、他動詞として使うこともある語が기、리、이、히などを付加して他動詞として表現されるようになった。

④ 　同時に、他動詞として使われることが多いが、自動詞として使うこともある語が기、리、이、히などを付加して自動詞として表現されるようになった。

⑤ 　その時、自動詞としてのみ使われる語、他動詞としてのみ使われる語、どちらでも困らない語はそのまま残った。

⑥ 　さらに自動・他動・受動・使役の区別をつけたいという意識が強くなって、지다、뜨리다、게 하다が登場した。

というのが私の考えです。

　　日本語もこの流れを踏襲していますが、古い形は消えています。自動詞、

67

他動詞で原則的に別表現になり（すでに示したように例外が少しあるが）、
受動詞は「れる」、使役動詞は「せる」が必ず付いているということです。

7　動詞からつくられる名詞

　すでに、日本語では動詞の語尾を「い」段にすることで名詞化すること
を示しましたが、朝鮮語では動詞の語幹の語尾にㅁを付けて名詞化するの
が主流です。가르치다 kareuchida「教える」（他）の가르치にㅁを付けて가
르침 kareuchim「教えること」「教え」という名詞になることをすでに紹介
しました。さらに直前に書いた숨다 sumda「隠れる」（自）は숨기다
sumgida「隠す」（他）を経て、숨김 sumgim「隠しだて」「隠しごと」とい
う名詞になります。これは숨김없다 sumgim eopta「隠しだてがない」とし
てもよく使われます。このように、動詞の語幹にㅁを付けることで名詞に
なるのです。他に、꾸미다 kkumida「飾る」（他）が꾸밈 kkumim「飾り」
になり、높이다 nopida「高める」（他）が높임 nopim「高めること」となり、
높임말 nopimmar が「尊敬語」「敬語」になります。느끼다 neukkida「感じ
る」（他）が느낌 neukkim「感じ」「感想」になり、다지다 tajida「念を押す」
が다짐 tajim「念押し」となり、돌리다 torrida「回す」（他）が돌림 torrim「（病
気の）流行」となり、받치다 patchida「支える」が받침 patchim「支え」「土
台」「パッチム＝語尾の子音」となります。어기다 eogida「規則をやぶる」
（他）が어김 eogim「規則破り」「違反」になります。어우르다 eoureuda「合
体する」「一つになる」（他）は어울리다 eourrida「調和する」（自）となっ
た後、어울림 eourrim「調和」「均衡」になります。울리다 urrida「泣かせる」
（他）「鳴る」（自）「鳴らす」（他）からも、울림 urrim「響き」「鳴り」とな

68

ります。업신여기다 eopsinyeogida「侮る」は업신여김 eopsinyeogim「侮り」
となり、짜다 cchada「組む」（他）からの짜이다 cchaida「組まれる」（受）「構
成が整う」（自）が、짜임 cchaim「組みたて」「構成」という名詞になって
います。ここまですべて、語幹の語尾が ㅣ である動詞に ㅁ を付けて名詞に
しています。

これ以外のパターンを示します。

놀다 norda「遊ぶ」（自）の名詞形「遊び」は놀に이を付けて놀이 nori と
いいます。鳴き声に付けて「もの」にした이のようなものが登場していま
す。

また、語幹の語尾が ㅣ 以外の動詞に ㅁ を付けて名詞にしているものもあ
ります。다루다 taruda「取り扱う」（他）が다룸 tarum「取り扱い」になり、
얼다 eorda「凍る」（自）は얼음 eoreum「氷」、돋우다 toduda「上げる」が
돋움 todum「支え（高く上げる台）」となっています。돕다 topta「助ける」
は도움 toum「助け」となります。꾸다 kkuda「（夢を）見る」が꿈 kkum「夢」
となり、「夢を見る」は꿈꾸다 kkumkkuda「夢を夢見る」と重複して言い
ます。

울다 urda「泣く」「鳴く」（自）は울음 ureum「泣き」となり、웃다 usta「笑
う」は웃음 useum「笑い」となります。자다 chada「眠る」は잠 cham「眠り」
となります。

8　動詞の特殊な用法

日本語も朝鮮語にも、動詞が本来の意味から発展して特殊な使われ方を
することがあります。

見る

　「見る」は外界の光が目の網膜に映り、脳がそれを認識することを、第一義的に意味します。それが「○○して見る」という表現になると○○の動作の後に実際に見るという動作がある場合と、実際に見るという動作が無くてもよい場合があります。本当にきれいか「行って見た」は実際に見るという動作がありますが、試験を「受けて見た」は実際に見る必要はなく、試験を受けるということを試みることを意味しています。朝鮮語の「見る」보다 poda も同様の使い方をします。「行って見る」は가다 kada「行く」と보다 poda「見る」を続けて가 보다 ka boda「行って見る」となります。

置く

　置くという動作は持っているものを手放してどこかの場所に安定させることを、第一義的に意味します。そこから派生して、「○○しておく」という表現になると○○動作の後にそのまま放置することを意味しています。「書類を預けておく」というと預けたままにするということになります。朝鮮語の두다 tuda「置く」、놓다 nohta「置く」も同様の使い方をします。「書類を預けておく」は「書類」서류 seoryu と「預ける」はすでに紹介した「任せる」の맡기다 matkida を使います。その連用形맡겨 matkyeo と「おく」두다 tuda を続けて、서류를 맡겨 두다 seoryureur matkyeo tuda です。また、놓다 notta「置く」を使って、서류를 맡겨 놓다 seoryureur matkyeo nohta ともいいます。

掛ける

　さらに、広く使われる日本語が「かける」です。「壁に掛ける」「フックに掛ける」「鍵を掛ける」「水を掛ける」が第一義的な用法ですが、「走り

70

かける」「動きかける」というように行動を開始する意味に発展して、作用をおよぼすという意味の「声をかける」「働きかける」という使い方から、「裁判にかける」「審議にかける」から「ブレーキをかける」にまで発展しています。掛けるの意味で使われる朝鮮語はすでに紹介した걸다 keorda です。「壁に掛ける」は벽에 걸다 pyege keorda、「話かける」は말을 걸다 mareur keorda、「電話をかける」は전화를 걸다 cheonhwareur keorda、「ブレーキをかける」は브레이크를 걸다 peureikeureur keorda と日本語と同じ表現です。

　ただし、「眼鏡をかける」は안경을 쓰다 angyeongeur sseuda 眼鏡を「使う」といい、「橋をかける」は다리를 놓다 tarireur nohta 橋を「置く」といいます。日本語でも、この「かける」は「掛ける」ではなく「架ける」と表記します。

気にかける、気を置く、気に入る、気を引く

　걸다 keorda「かける」や두다 tuda 置く、놓다 nohta 置くは、「心」や「気」「気持ち」마음 maeum にも使われます。마음에 두다 maeume tuda 念頭に置くと마음을 놓다 maeumeur nohta 安心するという意味になります。日本語で「評価に適う」という意味で「気に入る」といいますが、朝鮮語でも마음에 들다 maeume teurda で「入る」を使い同じ意味です。そして、「気を引く」は마음을 끌다 maeumeur kkeurda で끌다 kkeurda「ひっぱる」を使います。

いく

　「いく」というのは目的地に向かって移動することですが、「馬車で」や「歩いて」というと移動手段を意味しますが、「歩いていく」というと「歩く」という動作を続けるという意味でも使われます。「働いていく」というともはや移動手段ではなく、動作を続けるという意味でしかありません。「弱っていく」「成長していく」「続けていく」などいろいろ使われま

す。「続けていく」は「し続ける」という表現もあります。朝鮮語でも「いく」가다 kada は動詞の連用形に続いて用いられ、前の動作を続けることを意味します。벼가 익어가다 pyeoga igeogada「稲が実っていく」、불이 꺼져가다 puri kkeojyeogada「火が消えていく」と使われます。

くる

「くる」というのは目的地に向かって移動するのを目的地にいる人から見た表現ですが、「いく」と同様に動作の継続も意味します。時間的には、「くる」は現在形や過去形で表現されることが多くなります。날이 밝아오다 nari pargaoda「日が明けてくる」とか、온갖 수모를 겪어왔다 ongach sumoreur kyeokkeowassta「あらゆる侮辱を受けてきた」と使われます。

「している」하고 있다

日本語には「いく」「くる」の他に継続状態を表現する方法に「歩いている」という表現がありますが、朝鮮語にも걷고 있다 keotko issta「歩いている」という表現があります。

「する」하다

日本語では、一般に名詞に「する」という形でついて、動詞や形容詞の形になります。擬態語や漢熟語に付くことも多く、広く使われます。

「する」にあたる朝鮮語의하다も多くの名詞、擬態語や漢熟語について動詞や形容詞となります。

また、日本語で「教室を開催する」や「店を営業する」を「教室をする」、「店をする」と言うように、様々な動詞の代わりを「する」が演じたりします。朝鮮語の하다 hada も、多くの動詞の代役を果たします。노래를 하다 noraereur hada で歌をする＝「歌を歌う」となります。

72

第 1 部　たくさんの類似語と文法の一致

9　共通する形容詞群

　形容詞も作り方に法則性が見られます。そして、数が少ないですが、日本語と朝鮮語の間で類音同義語も存在します。

擬態語からの形容詞

　原始的な動詞は擬態語から派生したとの考えを示しましたが、さらに原始的な形容詞は擬態語から派生したとの考えを示します。

　「のろのろ」は느릿느릿 neurisneuris で、似ている擬態語としてすでに紹介しましたが、形容詞は日本語では「のろい」、朝鮮語では느리다 neurida となります。日本語では「い」をつけることで、朝鮮語では「다」をつけることで、擬態語から形容詞が派生していることがわかります。朝鮮語では느릿느릿 neurineuri の他に더디더디 teodideodi 「のろのろ」という擬態語もあって、そこからも더디다 teodida 「のろい」ということばが派生しています。そして、느리다 neurida と더디다 teodida は使い分けられていて、「足がのろい」は걸음이 느리다 keoreumi neurida といい、「速度がのろい」は속도가 더디다 sokdoga teodida といいます。느리다 neurida の方は、日本語のように「性格がおっとりしている」「頭の働きが鈍い」といった意味でも使われます。

　日本語では「ごつごつ」は「ごつい」という形容詞になります。似た発音で似た意味の朝鮮語に거칠거칠 keochirgeochir 「ざらざら」があり、거칠다 keochirda 「粗い」という形容詞になっています。「ごつい」は堅くて粗いとも言えます。

　その他、「しぶい」떫다 tteorpta などもあります。떨떨という擬態語もありますが、金属の車が固い路面をがらがら転がる音を意味します。「がらがら」と「しぶい」は意味が少しずれていますが、もしかしたら、떫から

73

떨다が派生したのかもしれません。また、떨に다を付けた떨다「揺れる」「払い落とす」という動詞がすでにあったので、떨から形容詞を作る際に떨다 tteorpta という表現になったのかもしれません。

　さらに、日本語では、「どきどきする」場面とか「ずきずきする」痛みといった形で擬態語に「する」を付けて動詞にした後、その連体形で名詞を修飾することばが多数存在します。朝鮮語でも、사근사근 sageunsageun「さくさく」に하다 hada がついて사근사근하다 sageunsageunhada「人当たりが良い」（形）になったり、사분사분 sabunsabun「そっと」が사분사분하다 sabunsabunhada「やさしい」になったり、쓰렁쓰렁 sseureongsseureong「ひそひそ」が쓰렁쓰렁하다 sseureongsseureonghada「よそよそしい」になったり、씩씩 ssikssik「息遣いが荒い」が씩씩하다 ssikssikhada「りりしい」になったりします。

　このように日本語や朝鮮語では擬態語から形容詞になる例があります。原始的な形容詞はこのようにしてできたと考えられますが、その後の発展経過で、整理された形で作られます。

形容詞の作り方

　日本語の形容詞の終止形は語尾が「し（い）」か「い」になります。ただ、「こっけい」「きれい」の場合には、「こっけいだ」「きれいだ」と「だ」を付けて終わることができます。朝鮮語では基本形（終止形）の語尾は動詞の場合と同じく例外なく다 ta/da になります。その中で、쁘다 ppeuda や ㅂ다 pta になるものが比較的多いのです。가쁘다 kappeuda は「息苦しい」、기쁘다 kippeuda は「うれしい」、나쁘다 nappeuda は「悪い」、미쁘다 mippeuda は「頼もしい」、바쁘다 pappeuda は「忙しい」、시쁘다 sippeuda は「気にくわない」、예쁘다 yeppeuda は「きれい」です。ㅂ다 pta が語尾に来る形容詞は、간지럽다 kanjireopta「くすぐったい」、겹다 kyeopta「衝動を抑えがたい」、고맙다 komapta「ありがたい」、곱다 kopta「美しい」、괴롭다 koeropta「苦しい」、귀엽다 kuiyeopta「かわいい」、그립다 keuripta「懐

74

かしい」、까다롭다 kkadaropta「ややこしい」、덥다 teopta「暑い」、떫다 tteorpta「しぶい」、무덥다 mudeopta「むし暑い」、맵다 maepta「辛い」、무겁다 mugeopta「重い」、밉다 mipta「憎い」、부끄럽다 pukkeureopta「恥ずかしい」、부드럽다 pudeureopta「やわらかい」、부럽다 pureopta「うらやましい」、새롭다 saeropta「新しい」、쉽다 suipta「たやすい」、어둡다 eodupta「暗い」、어렵다 eoryeopta「むずかしい」、우습다 useupta「おかしい（こっけい）」、좁다 chopta「狭い」、즐겁다 cheurkeopta「たのしい」、짧다 ccharpta「みじかい」、춥다 **ch**upta「さむい」などです。

　ここまでの形容詞で、日本語と似ているものは、「痒い」가렵다 karyeopta と「軽い」가볍다 kabyeopta 程度です。このように例数が少ないのも、日本語と朝鮮語が分かれたのちに、日本語では「し」「い」、朝鮮語では ㅃ다や ㅂ다をつけるという、それぞれ一定の法則性に基づいてことばが再整理されたからだと思います。

共通性のある形容詞

　それでも、ㅃ다や ㅂ다以外の形のなかには類似性が残っていることばがいくつかあります。「あったかい」따뜻하다 ttattutada は a と t と t と a が一致しています。「つらい」쓰라리다 sseurarida は u と r と a と i が一致しています。「ぼやっとした」부옇다 puyeohta が p（b）、y、t が対応しています。

形容詞の連体形・連用形

　日本語の形容詞が体言を修飾する時は「高い山」「速い車」のように、原則的に連体形＝終止形ですが、例外として、「こっけい」「きれい」の場合は「こっけいな人」「きれいな海」のように「な」を付けます。「敏感な人」「好きな人」「嫌いな人」など名詞や動詞の名詞形＋「な」のような使い方になっています。

　朝鮮語では、体言を修飾するときは語幹にㄴ n や은 eun が付きます。

「よろこばしい」기쁘다 kippeuda は기쁜 kippeun と語幹に ㄴ n が付き、「よろこばしい話」という場合は기쁜 이야기 kippeun iyagi となります。そして、ㅂ다の場合、은 un が付くのですが、ㅂが消えて、운 un となるのです。「楽しい」즐겁다 cheurgeopta は즐거운 cheurgeoun と운 un が付き、「楽しい一日」は즐거운 하루 cheurgeoun haru となります。

　日本語の形容詞が用言を修飾する時は語尾を「く」にして「忙しく働く」、古くは「忙し<u>げ</u>に働く」といいました。朝鮮語にも、もちろん連用形もあって、語幹に게 ke/ge がつきます。例えば、「忙しい」바쁘다 pappeuda の語幹に게 ke/ge がついて、바쁘게 pappeuge で「忙し<u>げ</u>に」です。やはり似ていますね。

名詞から形容詞をつくる方法

　日本語では、「人間らしい生活」とか「自然な態度」のように名詞に付いて体言を修飾することばがあります。朝鮮語にも답다 tapta「－らしい」、스럽다 seureopta「－な」があります。補助形容詞といわれます。답다、스럽다の連体形はㅂが取れて운が付き、다운 taun、스러운 seureoun となり、인간다운 생활 ingantaun saenghwar「人間らしい生活」、자연스러운 태도 chayeonseureoun taedo「自然な態度」となります。

　「人間」「男」「女」の後には「らしい」답다が、「自然」「突然」の後には「な」스럽다が続くところも日本語と対応しています。

　また、「らしい」には、답다 tapta 以外にも같다 katta という言い方があります。「同じ」という意味で、「ふさわしい」に相当します。「家らしい家」は같다 katta の連体形같은 kateun を使って집 같은 집 chipkateun chip となります。

そうだ、ようだ、らしい

　動詞の連体形に続いて推量を表現する「降りそうだ」「降るようだ」「降

76

るらしい」という言い方は、朝鮮語では、같다 katta の前に것 keos「こと」をつけた、것 같다 keos katta を使います。「降りそうだ」「降るようだ」「降るらしい」は、올 것 같다 or keos katta です。「出そうだ」「出るようだ」「出るらしい」は、날 것 같다 nar keos katta といいます。

このほかに성싶다 seongsi**p**ta ということばもあって、날 성싶다 nar seongsi**p**ta「出そうだ」と使います。성싶다 seongsi**p**ta と「そうだ」と s、o、t、a が一致していて、発音もとても似ています。

10　共通する助詞群

　助詞も用法的にほとんど対応していて、同音同義語もいくつかあります。ただその前に、子音で終わる받침 pat**ch**im のことを詳しく話しておく必要があります。

子音で終わることば

　朝鮮語では最後に子音ㄱ k ㄲ kk、ㄴ n、ㄹ r、ㄷ t ㄸ tt、ㅁ m、ㅂ p ㅃ pp、ㅅ s ㅆ ss、ㅈ ch ㅉ cch、ㅊ **ch**、ㅋ **k**、ㅌ **t**、ㅍ **p** で終わることばがあることは、すでに多くの例で説明してきました。

　子音で終わることばの後にくることばが子音で始まる場合は「っ」か「ん」と発音します。ローマ字表記の kattun が「かっつん」と発音するのと似ています。子音で終わることばの後にくることばが母音で始まる場合は、フランス語のリエゾンのように後にくる母音と一緒になって発音されます。

77

日本語にも子音で終わることばがあった？

　子音で終わることばがあるのは日本語と朝鮮語の大きな違いですが、日本語でも動詞の語幹が子音だけのことばがあります。「来ます」と「着ます」は「きます」で一致していますが、その活用形が違います。着る kiru 着ない kinai 着れば kireba 着ろ kiro の場合は ki が語幹ですが、すでに、変則活用で紹介した "来る kuru、来ない konai、来れば kureba、来い koi" では語幹は k という子音だけです。昔は日本語かその前身の言語には子音で終わることばがあった名残とも考えられます。

　さて、助詞の話ですが、朝鮮語では語尾が母音で終わることばに続く助詞は子音で始まりますが、子音で終わることばに続く助詞は母音で始まるのです。朝鮮語でも語尾の子音を母音とくっつけることで落ち着かせているようです。

が

　日本語には主格をあらわす助詞「が」がありますが、これに当たる朝鮮語が가 ga と이 i です。2種類あるのは語尾が母音か子音かで区別されているからです。「これ」は朝鮮語で이것 igeos といいますが、語尾が子音で終わるので「これが」というのは이것이 igeosi となり、이것이 책입니다 igeosi chegimnida「これが本です」となります。「時間」は시간 sigan と言います。語尾が子音で終わるので「時間がない」は、시간이 없다 sigani opta です。

　「私」ということばは나 na や내 nae と言いますが、母音で終わっていますので、「私が」というのは내가 naega となります。日本語は「ん」以外はすべて母音で終わりますので、「が」と가 ga は完全に一致しています。

第1部　たくさんの類似語と文法の一致

か？

　日本語の疑問の「でしょうか」「ですか」「か」ですが、朝鮮語でも敬語（上称）の疑問で습니까 seupnikka/ ㅂ니까 pnikka と kka が付きます。朝鮮語の敬語は上称、略待上称、中称、等称、略待、下称とあります。そして等称の疑問も는가 neunga/ ㄴ가 nga と ga が付くのです。それ以外の疑問は肯定文と同じ文体で終わりの抑揚をあげます。この点も日本語と同じです。

よ、や

　日本語の呼びかけの「よ」「や」は「友よ」「息子や」と使いますが、朝鮮語でも여 yeo/ 이여 iyeo、야 ya/ 아 a で、母音て終わることばには yo、ya で全く一緒です。朝鮮語では여 yeo が文語的で、야 ya が口語的です。

ね

　文章の最後に付けて終わる（終結語尾）「ね」は「私、行くね」という強調や、「あ、ここにあったね」と独白、「早く来たね」と感嘆の表現になります。朝鮮語の네 ne も、終結語尾として나는 가네 naneun kane「私、行くね」、아 여기 있네 a yogi issne「あ、ここにあったね」、일찍 왔네 ircchik wassne「早く来たね」とまったく同じです。
　以上「が」「か」「や」「よ」「ね」が一致していることを紹介しました。
　その他、日本語のすべての助詞・語尾に対応する、朝鮮語の助詞が異音で存在し、その用法に類似があることを示します。

は

日本語には主格をあらわす助詞にもう一つ「は」がありますが、朝鮮語

79

にもそれに当たることばがあり、는 neun/ 은 eun といいます。「わたしは医師です」は나는 의사입니다 naneun euisaimnida となり、「これは本です」は이것은 책입니다 igeoseun chaegimnida となります。

も

　日本語の「も」は「あれもこれも」と加える時の助詞です。さらに、「それでもいいです」「秋でなくてもこころ哀しい」と譲歩の意味で使われます。朝鮮語の도 to も加える意味と譲歩の意味で使われます。「甘くも苦くもない」は달지도 쓰지도 않다 tarjido sseujido anhda で、「秋でもないのに」は가을도 아닌데 kaeurdo aninde です。

けれど、のに、が

　「けれど」「のに」「が」は逆接の意味で使われますが、「が」には「彼に会ったが、元気だった」というような前置きとしての用法があります。朝鮮語でも、逆接の助詞として지만 chiman、나 na/ 으나 euna、면서 myeonseo/ 으면서 eumyeonseo、는 데 neunde/ 은 데 eunde がありますが、さらに는 데 neunde/ 은 데 eunde には前置きとしての用法があります。그를 만났는데 건강했다 keureur mannassneunde keonganghaetta で「彼に会ったが、元気だった」となります。

しか、だけ、のみ

　日本語の限定の「だけ」や「のみ」は、後に肯定文「ある」がくることも否定文「ない」がくることもありますが、「しか」の場合は後ろが否定「ない」ときまっています。朝鮮語では「しか」のように否定だけなのが밖에 pakke です。
　「だけ」「のみ」のように後に肯定も否定もあるのが만 man と뿐 ppun で

す。뿐 ppun は이다 ida「である」と아니다 anida「でない」が後に付く時だけに使われます。당신 뿐이다 tangsinppunida「あなただけだ」、당신뿐이아니다 tangsinppuni anida「あなただけでない」となります。만 man は만 말해 man marhae「だけ話せ」や、만 가지마 man kajima「だけ行くな」とか後ろにいろんな動詞を使うことができます。

の

　所有をあらわす助詞「の」は、의 eui と書いて eui とも発音しますが、e と発音していいのです。また省略されることもあります。「私のお爺さん」は우리의 할아버지 urieui harabeoji ですが、通常우리 할아버지 uri harabeoji といいます。

を

　目的格をあらわす助詞「を」は、를 reur ／을 eur があります。「手紙を書く」は편지를 쓰다 pyeonjireur sseuda です。「これを書く」は이것을 쓰다 igeoseur sseuda となります。

と

　並列の助詞に「と」があります。朝鮮語ではこの意味で使われるのに와 wa/ 과 gwa、하고 hago、랑 rang/ 이랑 irang があります。
　日本語の「と」には並列の他にいろんな用法があります。「森と申します」のように引用の時は朝鮮語では、모리라고 합니다 morirago hamnida で라고 / 이라고が使われます。「春になると（ったら）蝶が飛ぶ」のように条件の時は봄이 되면 나비가 날다 pomi toemyeon nabiga narda には면が使われます。また、「学者と（に）なる」のように結果の時は학자가 되다 hakchaga toeda と主格の가 ga/ 이 i を引っ張ります。「ができる」的な表現です。

81

そして

　日本語では、並列の接続詞に「そして」がありますが、朝鮮語ではユリ
ゴ keurigo があります。

に、へ、にて、で、から、より、まで

　「に」「へ」「にて」「で」「から」「より」「まで」場所・方向・目的地、
手段・方法・道具、金額、時間をあらわす助詞で、朝鮮語でも「に」は에
e（人や動物には에게 ege を使う）、また「へ」は로 ro/ 으로 euro が使われます。
「にて」は에서 eseo ですが、에서 eseo は場所の起点「から」の意味でも使
われます。「から」「より」は他に부터 puteo という表現があり、「まで」
は까지 kkaji です。「で」は、場所の場合には에서 eseo ですが、手段・方
法・道具の場合は로 ro/ 으로 euro が、金額や時間の場合は에 e になります。
このように微妙にずれるところもありますが、日本語に対応する朝鮮語の
助詞が存在します。

11　否定形の話

　日本語での否定形は体言に対して「—が無い」「—ではない」、用言には
「—ない」「—しない」「—できない」「—してはいけない」「—してはなら
ない」です。
　存在を否定する「—が無い」は朝鮮語では「靴が無い」구두가 없다
kuduga eopta のように—이／가 없다 i/ga eopta の言い方となります。

82

「—ではない」は—이／가 아니다 i/ga anida とか—은／는 아니다 eun/neun anida と言います。用言を否定する朝鮮語は「行かない」아니 가다 ani gada で、一般的には縮約型の안 가다 an gada が使われます。そして、「안 가다 an gada」は「가지 않다 kaji anna」と言うことができて、どちらも「行かない」になります。아니 하다 ani hada（안 하다 an hada）と用言の前に否定のことば아니 ani が来ます。このことで朝鮮語と日本語との違いを強調する意見がありますが、日本語にも「豈（あに）図らんや」（＝図らないのに）と前に否定のことばを使う言い方があります。日本語も「豈図らん」と「図らない（図ることをしない）」と本来二通りの表現方法があったのです。もともとはどちらも中国語の「豈」からきていて、「豈」と아니と「あに」は繋がっていることがわかります。現代の日本語では用例が少ないだけです。

　「するな」という朝鮮語は하지 말다 haji marda「するのをやめる」の命令形、하지 마 haji ma「するな」、하지 마라 haji mara「するな」、하지 마요 haji mayo「しないで」、하지 마세요 haji maseyo「しないでください」となります。「心配するな」は걱정하지 마라 keokcheonghaji mara、「しゃべるな」は말하지 마라 marhaji mara となります。하다以外動詞のも、「行くな」가지 마라 kaji mara、「食べるな」먹지 마라 meokji mara となります。

　また안を使って「してはいけない」「してはならない」하면 안되다 hamyeon andoeda ということもできます。술을 마시면 안되다 sureur masimyeon andoeda「酒を飲んではならない」となります。

　ところで、今となっては日本語では使われない用法ですが、漢文調の古文では莫（バク、マク、なかれ）が「するな」という意味で莫として使われていました。「宍を食らうこと莫」。これは、日本書紀にでてくる「肉を食べてはいけない」という天武の命令です。そして、莫の中国現代音はmo で否定を表します。莫 mo（中国音）、莫막 mak（朝鮮音）、莫マク（日本音）はこのように共通しています。用言の前について否定を表す朝鮮語の못 mos も中国語「莫 mo」からきているのかもしれません。そして、말다 marda も莫막 mak から派生していると考えることができます。日本語

も莫「まな」→「ますな」→「すな」になったのかも知れません。

「ならない」안되다 andoeda の안を못に替えて못되다 mostoeda ということばがありますが、これは「ならない」ではなく「（できが）悪い」という意味になります。ただし、못쓰다 mossseuda は「ならない」という意味で使います。

「できない」という朝鮮語は 4 通りの言い方があります。지 못하다 ji moshada と못ー다 mos ー ta、ㄹ 수 없다 rsu eopta、ㄹ 줄 모르다 rchur moreuda です。前の 3 つは不可能であるという言い方で、4 つ目はやり方を知らないのでできないという言い方です。

요리하지 못하다 yorihaji mostada、요리 못하다 yori mostada、요리할 수 없다 yorihar su eopsta が（材料や道具が無くて）「料理できない」。요리할 줄 모르다 yorihar chur moreuda が（料理の仕方がわからないので）「料理できない」です。

二重否定

また、日本語、朝鮮語、中国語には二重否定という語法があります。アングロサクソンやラテン語にはない表現です。それらでは精々「やめられない」程度の表現です。「やらざるを得ない」は、朝鮮語でも아니 할 수 없다 ani har su opta「やらないことがない」＝「〜と言わざるを得ない」となります。中国語でも莫無可奈、朝鮮語読みで막무가내 makmuganae（どうしても変更しない）、さらに莫不得已、朝鮮語読みで막부득이 makpudeugi（やむをえず）などの表現が朝鮮語の辞書にあります。

否定には反語というのがあって、「ない？」と聞きながら「そうでしょ」と主張する言い方があります。古い言い方になりますが、동무들이지 아니에요? tongmudeuriji anioeyo「友達じゃないの？」「友達でしょ？」という言い方があります。反語という用法だけでなく、言い方がそっくりになるのも不思議です。

84

第2部

日本語・朝鮮語の発音は、それぞれ別の方向に変化してきた

12　日本語の発音の変化

　日本語、朝鮮語に限らず世界中の言語は時代とともに変化していきます。日本語、朝鮮語もその歴史的経過のなかで、ずいぶん変化してきました。まずは日本語から見ていきましょう。

P音F音からH音へ

　日本語では、「室町時代はP音かF音で発音していた音が、その後H音に変わった」ことは日本語学会の定説です。これは室町時代のなぞなぞの書物があって、そこに「ははには二たび　あいたれども、ちちには一度もあわず」という問いがあって、その答えが「唇」であると書かれています。現代日本語では「はは」は唇を会わさずに発音しますが、室町時代は唇を合わしていたということはpapaかfafaと発音していたということです。

　現代でも「は行」で始まる漢字は後ろに来ると「ぱ行」の発音に変わります。残波 zanpa、燃費 nenpi、妊婦 ninpu、最後っ屁 saigoppe、一歩 ippo、などです。これは室町時代には「ぱ行」の音だった名残と考えられます。

　そして、朝鮮語では、現代でも後ろにこなくても、波派破把の音は파

85

pa、費非の音は비 pi、皮被の音は괴 **pi**、婦夫冨腐不負府の音は早 pu、歩保補菩の音は보 po で古代日本語の発音と一致します。

現代かなづかいの登場

1946 年に日本のかなづかいが大幅に変わりました。この時点で実際の発音とかな表記が大きく食い違っていたことに原因があります。かな表記をできるかぎり実際の発音に近づけようというのがその考え方ですが、ただし、「○○は」の wa と「○○へ」の e だけは表記と発音がずれたままです。

現代かなづかいで変わったこと

がぎぐげご、ざじずぜぞ、だぢづでど、ばびぶべぼ（以上濁音）、ぱぴぷぺぽ（半濁音）、きゃきゅきょ、しゃしゅしょ、ちゃちゅちょ、じゃじゅじょ、にゃにゅにょ、ひゃひゅひょ、びゃびゅびょ、ぴゃぴゅぴょ、みゃみゅみょ、りゃりゅりょ（拗音）の 55 音が新しく作られました。さらに、「っ」という促音がつくられました。

他に「あふ・あう」「かふ・かう」「さふ・さう」「たふ・たう」「なふ・なう」「はふ・はう」「まふ・まう」「やふ・やう」「らふ・らう」と書いていたものは、「おう」「こう」「そう」「とう」「のう」「ほう」「もう」「よう」「ろう」と発音するものは、そのように表記するようになり、「けふ」「せふ」「てふ」「ねふ」などと書いていたものも、「きょう」「しょう」「ちょう」「にょう」と発音する場合はそのように表記するようになりました。

昔は濁音表記が無かった？

旧かなづかいでは、「探す」も「咲かす」もかな表記だと、どちらも「さかす」と書くしかなかったのです。そして、これを漢字表記や文中の関係で sagasu と発音したり、sakasu と発音したりしていました。このような例

は他にも「進む」と「涼む」、「掛る」と「篝る」、「括る」と「潜る」、「突く」と「続く」、「付く」と「次ぐ」、「好く」と「直ぐ」、「粕」と「数」、「枷」と「風」などがあります。では、なぜ昔は濁音表記が無かったのでしょう。

母音にはさまれた子音の濁音化

　朝鮮語では、現在でも日本語の旧かなづかいのように濁音の発音表記はありません。ただし、「ㅂ」p、「ㅈ」ch、「ㄷ」t、「ㄱ」kが母音と母音にはさまれる場合とㅇとㄹ、ㄴ、ㅁパッチムの後は必ずb音、j音、d音、g音となり、濁音化した発音となる点が現代日本語と異なります。さかすをさ＝「사」か＝「가」す＝「스」と書けばsagaseuとしか発音しません。しかし、日本語の旧仮名遣いでは「さかす」と書いてある場合にはsakasuと読むこともsagasuと読むことも可能で、その選択は文の流れから判断することになります。

　もともと日本語でも、2音目以降に濁音があることばがたくさんあります。かがす、かぎる、かぐ、かげる、かごめ、かざる、かじる、かず、かぜ、かぞえる、かど……。また「ちゅんちゅんめ」から「すずめ」になる過程に、濁音化の現象も見られます。また、連濁といって、所とか月などのことばが後に付くと便所、葉月のように濁音化します。濁音化にはそのほうが発音しやすいという存在理由があることは朝鮮語も日本語も共通しています。

日本語の二番目以降の音の清音化

　ところが、日本では清音を続けて発音することができて、二番目以降の「か行」「さ行」「た行」「は行」が濁音化しないで清音で発音することばもできてきたわけです。連濁の場合でも、役所や睦月など濁音化しない例もたくさんあります。

　しかし、朝鮮語では、「か」に「か」を続けて発音するには、까까kakkaと가카kakaの発音しかなく、日本語の「かか」とは少し違った発音になります。このような日本語と朝鮮語の相違は、気温や食生活の相違によっ

て生じたとの説があります。朝鮮では、肉食を続け、寒い環境のなかで早くはっきりと発音するのに対して、日本では、草食になって顎が小さくなり、温暖な気候で気性もおとなしくなり、ゆっくり話すので清音を続けて発音できるようになったということです。

語頭の清音

朝鮮語では、母音に挟まれた子音「ㅂ」p/b、「ㅈ」ch/j、「ㄷ」t/d、「ㄱ」k/g は濁音化するという法則が貫徹しているのと同じく、語頭は清音で始まるという法則も貫徹しています。日本語では濁音で始まる漢字語でも、朝鮮語では清音化します。

楽器악기 akki、義務의무 euimu、愚者우자 uja、誤解오해 ohae、打診타진 tajin、同胞동포 tongpo、財産재산 chaesan、時代시대 sidae、絶対절대 cheortae、馬車마차 macha、美貌미모 mimo、部下부하 puha、別荘별장 pyeorjang、募集모집 mojip などすべて清音で始まります。もちろん固有語も、語頭はすべて清音です。

日本語では漢字が入って来た時に、語頭の濁音を受け入れています。そして、漢字音だけでなく、「がらがら」「ぎしぎし」「ぐうぐう」「げえげえ」「ごりごり」「ざあざあ」「じくじく」「ずらずら」「ぜえぜえ」「ぞおっと」「だらだら」「でんでん」「どさどさ」「ばんばん」「びんびん」「ぶんぶん」「べんべん」「ぼんぼん」のように、擬態語にも何通りもでてきます。さらに、固有語の名詞では「ざる」、動詞でも「でる」「だす」「できる」、形容詞で「でかい」などがあります。

漢字が伝わる前は

元々日本語には漢字の入ってくる前から語頭に濁音がくることが多かったのでしょうか？　そう考えるには、濁音からはじまる固有のことばが少ないと思います。「か」で始まる固有語が百数十になる（貝、買う、帰る、

顔……）のに対して、「が」から始まる固有語は、擬態語以外には崖、柄、蒲、蝦蟇、ぐらいしかありません。しかも、崖という漢字の音は「がい」ですので、「がけ」は固有語ではなく漢字の音「がい」が変化した可能性があります。また、訓として古語に「はけ」があり、方言や地名に残っているとのことです。この「はけ」が「がけ」に変化したのかもしれません。

柄は訓として「がら」以外に「え」「つか」があります。「え」「つか」は鍋や刃物の手でつかむ部分を意味します。「がら」は花柄、家柄、大柄というように模様や格式、体格を意味することばとして使われています。「え」「つか」は具体的な概念で、「がら」は抽象的な概念ですから、「え」「つか」からずっと後の時代、新たに創出されたときに、すでに語頭の濁音が違和感なく受け入れられていたのかも知れません。

蒲の訓は「がま」ですが蒲鉾、蒲田、蒲焼等清音で言う場合も多いです。蝦蟇も国語辞書によると「古くは『かま』と発音した」と書いてありました。こう考えてくると元々の日本語では、朝鮮語と同じく、語頭は必ず清音で始まったのが、漢字が入り濁音で始まることばが流通する中で、濁音ではじまる固有語も誕生してきたと言えそうです。

もともと清音で始まる擬態語「かあかあ」「かさかさ」「かたかた」「かちかち」「からから」「かりかり」の語頭を「か」から「が」に替えると「があがあ」「がさがさ」「がたがた」「がちがち」「がらがら」「がりがり」と語感が、おおきく、雑で、乱暴なものに変わります。擬音語や擬態語に語頭に濁音が多い理由としては、表現上において濁音の存在意義がおおきかったということでしょう。

旧仮名遣いに濁音が無かった理由

朝鮮語のように、語頭が清音で、母音に挟まれたり、ㄴやㅇやㄹ、ㅁ、ㄴパッチムの後にきたりするㄱ、ㅈ、ㄷ、ㅂだけが濁音化するという法則性が存在していれば、敢えて濁音を表記する必要は無いわけです。日本語では仮名が作られた時期にはこの法則は崩れていたわけですから、初めから濁音表

記を作っていてもよかったと思います。古事記や日本書紀、万葉集の万葉がなでは、「く」には久、句、区などの漢字があてられ、「ぐ」には具、愚、遇などの漢字があてられています。「ひらがな」「カタカナ」が作られた時に、なぜか濁音表示をしませんでした。しかし、平安時代には現在のような濁点が使われていたそうです。その後、いろは歌「いろはにほへと　ちりぬるを　わかよたれそ　つねならむ　うみのおくやま　けふこえて　あさきゆめみし　ゑひもせす」（初出文献は『金光明最勝王経音義』1079年）が登場します。この中の「と」は「ど」、「か」は「が」、「た」は「だ」、「そ」は「ぞ」、「し」は「じ」、「す」は「ず」と読みます。そしていろは歌が習字の手本として使われ、かなの基準として圧倒的に普及します。そのために1946年まで濁音表記はされず、文中の流れから、清音濁音を読み分けてきたことになります。

かふ、なふ、たふ、あふの発音

甲の音は現代仮名づかいではコウですが、甲冑の場合はカッチュウと読みます。この字は旧仮名づかいでは「かふ」と表記されていました。また、高は現代仮名遣いでコウですが、旧仮名づかいでも「こう」です。したがって、旧仮名づかいでは「かふ」と「こう」の表記があったことになります。なぜ表記が異なったのか？　昔は発音の仕方がちがったとしか考えられません。今でも古くから伝わるものには残っています。例えばお経では経を「けふ」と発音したり、百人一首では今日を「けふ」と読み上げたり、狂言でも今日を「けふ」と語ります。

そこで甲の音「かふ」をこの通り発音したとします。そうすると、少なくとも室町時代には「ふ」は唇を合わさないといけませんから「かぷ」と発音したことになります。そして甲の朝鮮語の音は現在も갑 kap なのです。

同様に納（ノウ）ですが、納得（ナットク）の使用例があります。昔は「なふ」→「なぷ」となります。そして朝鮮語での音は납 nap なのです。

同様に、答（トウ）は旧仮名遣いでは「たふ」ですので、昔は「たぷ」、

朝鮮語音も답 tap となります。塔（トウ）も「たふ」ですので、昔は「たぷ」、朝鮮語音も탑 tap となります。押（オウ）は「あふ」ですので、昔は「あぷ」、朝鮮語音も압 ap と一致します。挿（ソウ）、雑（ゾウ）は「さふ」ですので、昔は「さぷ」、朝鮮語音も挿삽 sap 雑잡 chap と一致します。合（ゴウ）は「かぷ」で朝鮮語音は합 hap です。

　「あふ」「かふ」「さふ」「たふ」「なふ」「はふ」「まふ」「やふ」「らふ」と書いていたものは、現代では「おう」「こう」「そう」「とう」「のう」「ほう」「もう」「よう」「ろう」と発音するものが多いのですが、昔は朝鮮語のように「あぷ」「かぷ」「さぷ」「たぷ」「なぷ」「ぱぷ」「まぷ」「やぷ」「らぷ」と発音していたのではないでしょうか？

手袋の話

　手袋のことを朝鮮語では掌甲장갑 changgap といいます。ここにも갑 kap が使われています。日本でも、巡礼などの旅装束で手の甲に布をあてていますが、これを手甲（シュコウ）といいます。欧米から groube が入ってきたときに、日本では手袋という新しいことばを作って対応しましたが、朝鮮語では昔からのことばを借用して使ったということです。

「は」から「わ」へ

　「—は」の「は」も「p」「f」から「h」への変化をしたと考えると、室町以前の「pwa ぷぁ」か「fwa ふぁ」がその後に「hwa わ」の発音に変化したことになります。「—は」だけでなく、「—には」も niwa と発音し、「食はむ」も kuwamu と発音するようになっています。昔は河も「かは」と表記しましたし、際「きは」、桑「くは」、沢「さは」、皺「しは」、縄「なは」、庭「には」と表記しました。語頭に「わ」が使われることば以外に「わ」が使われることはほとんどなく、「は」が使われ、その発音は、当初は pwa、fwa でそれがやがて hwa に変化したということです。

現在日本語で、音が「ワ」である漢字に「和」と「話」がありますが、古代日本語では「ファ」だったのではないでしょうか？

　そして、これら「和」と「話」の朝鮮語音はやはり화 hwa なのです。

「へ」から「え」へ

　「p」「f」から「h」への変化をしたと考えると、「hwe へ」も昔の発音は「pwe ぷぇ」か「fwe ふぇ」です。それが「hwe」→「e」となります。

　現在日本語で「エ」という音を持つ漢字に会釈、回向として使われる「会」と「回」があります。「会」と「回」は元は「hwe へ」であったと考えると、日本語でも昔は「pwe ぷぇ」か「fwe ふぇ」と発音したのだと考えられます。そして、「会」と「回」の朝鮮語の音はやはり회 hwe です。

福とふぐ（河豚）

　福は現代中国語では fu と発音し、現代朝鮮語では복 pok と発音し、現在日本語ではフクです。そこで、朝鮮語の복 pok という音が日本語のフクという音につながる過程を説明しましょう。

　まず、朝鮮語の복 pok の o にあたるㅗは日本語の「お」よりも「う」に近い音なのです。つまり「う」の口をして「お」と発音します。puk に近い音です。そして、すでにお話した받침 patchim の話ですが、ㄱ k、ㄷ t、ㅅ s、ㅂ p、ㄹ r、ㅁ m、ㄴ n、ㅇ ng などがあります。これらを日本人が発音するとㄴ n 以外は母音が付いて、구 ku、두 tu、수 su、부 pu、루 ru、무 mu、ㄴ n、우 u となります。このように복 pok は日本に来ると puk → puku となり、室町時代の後 fuku となったのです。

　魚のふぐ（河豚）も、朝鮮語では복 pok といいます。固有語です。복 pok が日本語の fuku に変るのは、漢字の音だけでなく、固有語でも同じ理屈です。

　ふぐ（河豚）は下関では「ふく」と発音します。ある説では、「ふぐ」は不

具に通じて縁起が悪い、「ふく」は福に通じて縁起が良いことから「ふぐ」から「ふく」に変わったと言われています。しかし、平安時代に書かれた日本最初の本草書（食物、鉱物の薬の本）「本草和名」には「布久」（久「く」と具「ぐ」）と書かれています。このことから、元々「ふく」と発音したのが、関東を中心に「ふく」から「ふぐ」への濁音化が起こったと考える方が正しいでしょう。

消えた日本語の母音

　江戸時代に作られた50音表には「わゐうゑを　ワヰウヱヲ」というかな表記がありますが、現代は「わ・ワ」「を・ヲ」しか残っていません。

　しかし、これらの音は朝鮮語には残っています。「わ・ワ」は외 wa といいます。「う」の口をして「お」に続けて「あ」と言えば「わ」になります。「ゐ・ヰ」は위 wi といいます。「う」から瞬時に「い」と言えば wi になります。「ゑ・ヱ」は왜 wae で「う」から瞬時に「え」と言えば「we」になります。これらはいわゆる二重母音です。

　子音と結合することも可能で、과 kwa、화 hwa、좌 chwa、촤 chwa となります。夏目漱石の小説には火事に<u>くゎじ</u>とふり仮名がしてありました。現代仮名遣いでは家事「かじ」も火事「くゎじ」も「かじ」です。日本語では、統合同一化されて単純になっています。

　日本語にも「あいうえお」のほかに「わ<u>ゐ</u>う<u>ゑ</u>を」という母音があったということは、昔の日本語には、現在朝鮮語の多様な母音もあったかもしれないという発想につながります。

万葉仮名の甲類乙類

　万葉仮名で「こ」と発音する漢字には古姑枯故孤粉児候のグループ（甲類）と己巨去居忌許虚興木のグループ（乙類）と分類されているものがあります。古という漢字で表記する代わりに同じグループ（甲類）の中の漢字であれば置き換えることができます。

93

同じ音を表すのに複数の文字があるのは整理されていないと考えること
もできますが、好きな文字を選ぶという楽しみもあります。固有語の音を
表記するだけでなく、表意文字である漢字の意味を重ね合わせて表現でき
るわけです。万葉集の歌は技巧に走らず素朴で質実と言われていますが、
実は万葉仮名の二重性（表音文字と表意文字）を駆使した高度に技巧的な
歌なのかもしれません。

　己の漢字で表記されているものも同じグループ（乙類）の漢字で置き換
えることができます。ただし、甲類の漢字と乙類の漢字は置き換えられて
いないのです。このことから、甲類の漢字と乙類の漢字は別の音を表わし
ていると考えられています。それがどんな音か検証されていませんが、朝
鮮語の発音には日本語の「こ」に対応する発音として「거 keo」と「고
ko」の 2 種類があります。「こ」以外に、このような甲類と乙類があるこ
とを過去の文献から確認できる音は「け」「せ」「そ」「と」「の」「へ」
「め」「も」「よ」「ろ」「げ」「ご」「ぞ」「ど」「べ」があります。

　日本語にも「あ」「い」「う」「え」「お」以外の母音があって、やがて消
滅したことは確かです。

朝鮮語の母音

　そこで、朝鮮語の母音について話します。朝鮮語には아애야얘어에여예
오와왜외요우워웨위유으의이と 21 種の母音があります。発音については
朝鮮語のローマ字表記のところですでに説明しました。

13　朝鮮語の発音の変化

　朝鮮語では朝鮮王朝時代に、아이 ai とか어이 eoi、오이 oi という発音が、애 ae（あの口でいと言う）、에 e、외 oe に変化したとされています。そのために ㅏ이 ai、ㅓ이 eoi、ㅗ이 oi の発音が残っていることばが非常に少なくなってしまいました。嘆き叫ぶときの声아이고 aigo、驚きの声어이구 eoigu、子供아이 ai、目下への掛け声「おい」어이 eoi、間사이 sai など数少ないです。漢字の音も愛、哀、隘、曖は애 ae に、開、皆、介などは개 kae、内は내 nae、対、貸、代、大、隊、帯は대 tae、毎、埋、妹は매 mae、歳、細は세 sae、再は재 chae、最は최 **choe** という音になっています。

　日本でも大変というのを tehen と発音する地域があったり、体たらくの場合は体 tei と発音したりします。愛媛は愛 e と発音します。体 tei と愛 e は漢字の呉音ということで、中国でも地域的にこうした変化が起こっていた可能性がありますが、ai、eoi、oi を早く言うと e になることは理解いただけると思います。

元の e 音はどこへ

　ai、oi 音が e 音に変化した訳ですが、元の e 音はどうなったでしょう。日本語でえ列（エケゲセゼテデネヘベペメレ）音で始まる漢字の音について調べてみました。

　駅・易・疫（エキ）が역 yeok、悦・閲（エツ）が열 yeor、越（エチ、エツ）が월 weor、延・演・縁・燕・煙・鉛（エン）が연 yeon、塩・炎・艶・厭（エン）が염 yeom、決・結・潔（ケツ）が결 kyeor、犬・見・肩・遣・堅・絹（ケン）が견 kyeon、兼・謙（ケン）が겸 kyeom、慶・景・軽・頚・径・敬（ケイ、キョウ）が경 kyeong、激（ゲキ）が격 kyeok、燃（ネン）が연 yeon、熱（ネツ）が열 yeor、寧（ネイ）が녕／영／령 nyeong/yeong/ryeong、年が년／연

nyeon/yeon、歴（レキ）が력／역 ryeok/yeok、列・裂・烈が렬／열 ryeor/yeor、劣（レツ）が열 yeor（次項【消える子音、r 音、n 音参照】）、壁・癖・碧（ヘキ）が벽 pyeok、別（ベツ）が별 pyeor、変・辺（ヘン）・便・弁（ベン）が변 pyeon、兵・丙・併（ヘイ、ヒョウ）が병 pyeong、面・麺・綿（メン）が면 myeon、名・明・命（メイ、ミョウ）が명 myeong です。

　以上、大半の日本語の e 音が朝鮮語の여 yeo 音に対応していることが分かります。

　ただし、天（テン）、千・泉・践・賤・遷（セン）は천 cheon で、鉄・哲・徹（テツ）は철 cheor ですこし違います。でも cheo は tyo とすれば、여 yeo 音とできるかも知れません。

　また、先・鮮・船・線・選・仙・宣・煽・羨（セン）、善・禅（ゼン）の場合は천 cheon ではなく선 seon となっています。もとは천 cheon であったのが、変化したのかも知れません。また、設・説・雪（セツ）が설 seor、繊・殲・閃（セン）が섬 seom、摂（セツ）が섭 seop です。そして、世（セ、セイ）と洗（セン）勢（セイ）は세 se のまま残っています。会・回（え←へ）もすでに紹介したように회 hwe で e 音のまま残っています。さらに越（エチ、エツ）は월 weor で例外になっています。

消える子音、 r 音、 n 音

　朝鮮語では r の子音や n の子音が消える傾向にあります。「李」の音は中国では ri で日本でも ri です。朝鮮語では、北の方では今も ri ですが、南では i になっています。最近の変動です。以下南での変化の話です。乱の音は朝鮮語でも昔は ran でした。現代では、「戦乱」は전란 cheonran ですが、「乱戦」は난전 nancheon となります。第二音以下の r 音はそのままですが、語頭に来る r 音は n 音に変化しています。裸、羅は語頭にくると나 na になります。このことは ra、ri、ru、ro 音で始まる漢字すべてに当てはまる現象です。

　re 音の場合は、特殊で、語頭にくると ne 音ではなく、子音が消え、母音も「e 音」のところで述べたように、変化して여 yeo になります。「歴史」

第 2 部　日本語・朝鮮語の発音は、それぞれ別の方向に変化してきた

は역사 yeoksa で、歴が後ろにくる「遍歴」は편력 **p**yeonryeok と r が残ります。「列車」も열차 yeorcha で、「並列」は병렬 **p**yeongnyeor で、表記上はㄹ r が残りますが、実際の発音は n に変わっています。さらに、「陳列」の場合は特別で、列が後ろに来ても진열 chinyeor と表記上もㄹ r が消えてしまいます。総じて r 音→ n 音→子音なし、語頭から変化し第二音以降にも波及するという傾向があります。

97

第3部

漢字をめぐる話

14 朝鮮語と日本語の漢字音の対応関係

　日本語と朝鮮語と中国語は漢字を共有しています。そして、漢字の音もその源は中国からで（中国での時代による変化はありますが）同じと考えられます。

　亜아 a、暗・庵암 am、安・案안 an、異・以이 i、胃・位위 ui、医・意의 eui、印・因・引인 in、雨・迂우 u、汚・嗚오 o、家・歌・可・加・佳・仮가 ka、感・敢・勘・監・艦・鑑・甘・疳・柑감 kam、間・看・幹・干・簡・刊・肝간 kan、気・汽・器・起・奇・寄・基・旗・期・既・棄・機・記・岐기 ki、緊긴 kin、金김 kim、区・狗구 ku、古・固고 ko、査・渣・砂・沙・紗・詐사 sa、朔・削삭 sak、産・山・酸・算・散・珊・傘산 san、三・蔘삼 sam、市・始・詩・視・示・施・試・屍・柿・柴시 si、新・薪・信・臣・申・伸・神・慎・辛・身신 sin、心・審・深심 sim、数수 su、鼠서 seo、疎・素・塑・訴・疏・蘇・遡소 so、速・束속 sok、損・孫・遜손 son、多다 ta、他타 ta、卓・託・啄・托탁 tak、炭・坦・歎・誕・歡탄 tan、探・耽담 tam、着착 chak、知・智・地지 chi、珍・陳진、値・恥・治・置・稚・致・馳・緻・痴치 chi、枕・沈침 chim、昼・註・鋳주 chu、朝・潮・調・彫・凋・弔・兆・鳥・釣조 cho、都・塗도 to、土・吐토 to、麻・魔마 ma、幕・膜막 mak、万・満・慢・漫・饅만 man、未・味미 mi、民민 min、無・

第3部　漢字をめぐる話

務・霧・武무 mu、模・毛・母모 mo、木・沐・黙・目목 mok、妙묘 myo、野・夜야 ya、薬약 yak、余여 yeo、要요 yo、慾・浴욕 yok など、いまの時代でも発音が一致する漢字が多数あります。

　また、一致しないものについても①日本語の発音の変化、②朝鮮語の発音の変化、③濁音の清音化、④받침 patchim の有声音化で説明できることをこれまで明らかにしてきました。

　ここではさらに、받침 patchim の有声音化に関連して、朝鮮語のㄹ받침 rpatchim が日本語の「ツ」に、ㅇ받침 ngpatchim が日本語の「ウ」に、ㅂ받침 p patchim が「ツ」「フ」「ウ」に対応していることをお話します。

ㅇ받침と「ウ」

　朝鮮語のㅇ받침 ng patchim は日本語の「ウ」に対応しています。ㅇ받침 ng patchim で終わる漢字を辞書から抜いて、その日本語音と比較してみました。

　朝鮮語音で강 kang となる漢字は江・鋼・綱・康・講・腔（コウ）や強（キョウ、ゴウ）で、갱 kaeng は坑、（コウ）で、경 kyeong は京・経・軽・景・卿・境・競・頸・傾・慶・敬・警・驚（ケイ、キョウ）、硬・耕（コウ）で、공 kong は工・公・孔・功・攻（コウ）、恐・共・恭（キョウ）、空（クウ）で、궁 kung は宮（キュウ、グウ）、弓・窮（キュウ）で、광 kwang は光・鉱・広（コウ）、狂（キョウ）で、굉 koeng は宏（コウ）、轟（ゴウ）です。농 nong は農・膿・濃（ノウ）です。당 tang は党・唐・糖・当（トウ）、堂（ドウ）で、동 tong は東・棟・凍・冬（トウ）、同・銅・洞・動・童・憧（ドウ）で、등 teung は等・籐・燈・橙・登（トウ）です。망 mang は亡・忙・望・忘（ボウ）網・妄（モウ）で、맹 maeng は孟・猛・盲（モウ）、盟（メイ、ミョウ）、萌（ホウ）で、명 myeong は名・銘・明・命・鳴・冥・瞑（メイ、ミョウ）で、몽 mong は蒙（モウ）、夢（ム）です。방 pang は帮・邦・方・放・訪・芳（ホウ）、妨・防・紡・坊・房・傍（ボウ）で、병 pyeong は兵・丙・併（ヘイ、ヒョウ）並・屏（ヘイ、ビョウ）、病（ペイ、ビョウ）、瓶（ヘイ、ビン）で、

99

봉 pong は峰・蜂・逢・縫・鳳・封・奉（ホウ）で、붕 pung は崩（ホウ）で、빙 ping は氷（ヒョウ）です。상 sang は賞・償・商・床・傷（ショウ）、相・箱・爽（ショウ、ソウ）、上・常（ショウ、ジョウ）、象・像（ショウ、ゾウ）、喪・桑（ソウ）、想（ソ、ソウ）、状（ジョウ、ソウ）で、생 saeng は生（セイ、ショウ）で、성 seong は性・姓・省・聖・整・成・誠（セイ、ショウ）、星・声・盛・城（セイ、ジョウ）で、송 song は宋・送（ソウ）、頌・松・訟（ソ、ショウ）、승 sung は崇（ソウ）で、승 seung は勝・昇・承（ショウ）、乗（ジョウ）、僧（ソウ）です。앙 ang は仰（ギョウ）、昂（コウ）で、양 yang は羊・洋・養・陽・揚（ヨウ）で、영 yeong は永・泳・英・映・栄・営・影・嬰（エイ、ヨウ）、令・怜・玲・零・霊・領 령／영（レイ、リョウ）、옹 ong は翁（オウ）、擁（ヨウ）甕で、용 yong は用・容・熔・溶・庸（ヨウ）、龍 룡／용（リュウ）、勇・湧（ユウ）で、융 yung は融（ユウ）、隆 륭／융（リュウ）です。정 cheong は正・精・井・征（セイ、ショウ）、政・情・淨・静（セイ、ジョウ）、挺・亭・停・定（テイ、ジョウ）、貞・偵（テイ、チョウ）で、종 chong は種・腫（シュ）、宗・終（シュウ）、鐘（ショウ）、従・縦（ジュウ）で、중 chung は重（ジュウ、チョウ）、中・仲（チュウ）、衆（シュウ）で、증 jeung は症・証（ショウ）、増・憎・贈（ゾウ）、曾（ソ、ソウ）です。창 chang は窓・創・倉・蒼（ソウ）や唱・昌・娼・菖（ショウ）で、청 cheong は青・晴・清・請（セイ、ジョウ）、聴・庁（チョウ）で、총 chong は総・聡・叢・葱（ソウ）、銃（ジュウ）で、충 chung は衝（ショウ）、忠・衷（チュウ）、充（ジュウ）で、층 cheung は層（ソウ）です。항 hang は、航・抗・港・巷・行・恒・紅・肛・項（コウ）で、행 haeng は行・幸（コウ）、杏（キョウ）で、향 hyang は郷・香・享・饗（キョウ）、向（コウ）で、형 hyeong は兄・形・刑・型・蛍（キョウ、ギョウ、ケイ）で、홍 hong は紅・洪（コウ）で、황 hwang は黄・荒（コウ）です。

　熟語の前後で音の変わる漢字についても、낭／랑 nang/rang は朗・浪・狼（ロウ）で、냉／랭 naeng/raeng は冷（レイ、リョ<u>ウ</u>）で、냐／랴 nyang/ryang は両（リョウ）で、농／롱 nong/rong は弄・籠・聾（ロウ）で、능／릉 neung/reung は陵（リョウ）、량／양 ryang/yang は梁・量・両・良（リョウ）

です。경／갱 kyeong/kaeng は更（コウ）、생／성 saeng/seong は省（セイ、ショウ）です。

　これで、ㅇ받침 ng patchim は、夢몽 mong の「ム」と瓶병 pyeong の「ビン」以外はすべて日本語音の「ウ」に対応していることが判明しました。昔は日本語でも夢（ム）はムウと言い、瓶（ビン）はビョウと言っていたのかもしれません。

　逆に日本語の漢字の終音「ウ」がすべてㅇ받침 ng patchim かというとこれも例外があって、交・校・教・橋・嬌（コウ、キョウ）巧・郊（コウ）が교 kyo で、九・久（キュウ、ク）、球・救・求・旧（キュウ）、口（コウ、ク）が구 ku で、級・急・給・及（キュウ）が급 keup で、頭（トウ、ズ）が두 tu となります。しかし、終音「ウ」以外の（新しく伝わった）別の音に対応しているのが多く、「ウ」の大半はㅇ받침 ng patchim に対応していると判断できます。

「ㄹ」と「ツ」、「ㅂ」と「ツ」「ウ」「プ」

　ㄹ받침 r patchim は日本語の「ツ」に対応しています。朝鮮語音が갈 kar の漢字は渇・喝・褐・葛（カツ）で、걸 keor は乞（コツ）、傑（ケツ）で、결 kyeor は欠・決・結・潔（ケツ）で、골 kor が骨（コツ）で、괄 kwar が刮（カツ）で、굴 kur が屈・窟・掘（クツ）で、궐 kwor が厥・闕（ケツ）で、귤 kyur が橘（キツ）で、길 kir が吉（キチ）です。날 nar が捺（ナツ）です。달 tar が達（タツ）、韃（ダツ）、疸（タン）で、돌 tor が突（トツ）です。말 mar が末（マツ）で、멸 myeor が滅（メツ）、蔑（ベツ）で、몰 mor が没（ボツ）、물 mur が物・勿（モツ、ブツ）で、밀 mir が密（ミツ）です。발 par が発・髪（ハツ）、抜・跋（バツ）、勃（ボツ）で、벌 peor が罰・閥・伐・筏（バツ）で、별 pyeor が別・瞥（ベツ）で、불 pur が仏（フツ）、不（フ、ブ）です。살 sar が殺（サツ）で、설 seor が雪・泄・設・説（セツ）、舌（ゼツ）で、술 sur が述・術（ジュツ）で、실 sir が失・室（シツ）、実（ジツ）です。알 ar が軋（アツ）、謁（エツ）で、열 yeor が列・裂・烈・劣（レツ）、熱（ネツ、

ネチ）、悦・閲（エツ）で、울 ur が鬱（ウツ）で、월 wor が月（ゲツ）、越（エ
ツ、エチ）で、율 yur が律・率（リツ）で、을 eur が乙（オツ）で、일 ir が逸・
溢（イツ）、一（イチ、イツ）です。절 cheor が切・節・切（セツ）、絶（ゼツ）
で、졸 chor が卒（ソツ）、拙（セツ）で、질 chir が膣・窒・秩（チツ）、疾・
嫉・質・叱・桎（シツ）です。찰 char が刹（セツ）、察・擦（サツ）で、철
cheor が鉄・哲・撤（テツ）、출 chur が出（シュツ）で、칠 chir が漆（シツ）、
七（シチ）です。탈 tar が脱・奪（ダツ）です。팔 par が八（ハチ）で、필
pir 必・筆・匹・畢・疋（ヒツ）です。할 har が割（カツ）で、혈 hyeor が血・
欠（ケツ）で、활 hwar が活・滑（カツ）で、휼 hyur が恤（シュツ、ジュツ）、
힐 hir が詰（キツ）です。

　「ツ」以外では吉（キチ）、八（ハチ）、七（シチ）の「チ」がありますが、
この「チ」は吉兆（キッチョウ）、八軒（ハッケン）のように後ろにことば
が来ると「ッ」に変わります。また越後（エチゴ）、越中（エッチュウ）の
ように越が「エツ」と「エチ」の二つの音を持っていることや、一日（イ
チジツ）、統一（トウイツ）のように一が「イチ」と「イツ」の音を持って
いることから、日本語の中で「ツ」から「チ」に変化したと言えそうです。
そして、疸（タン）、不（フ、ブ）も本来は疸（タツ）、不（フツ、ブツ）であっ
たのが、日本語の中で変化したのではないでしょうか？　以上、朝鮮語音
でㄹ받침の漢字の日本語音は、ほぼすべて末尾が「ツ」となります。

ㅂ받침で終わる漢字の日本語音

　次に、ㅂ받침 p patchim で終わる漢字の日本語音についてまとめてみま
しょう。갑 kap が甲（かふ）で、납 nap が納（なふ）で、답が答（たふ）で、
탑が塔（たふ）で、압 ap が押（あふ）であることはすでにお話しました。
さらに、겁 kop が劫（かふ）、怯（けふ）で、급 kup が急・級・及・給（きふ）
です。これらはㅂ p →「ふ」に対応しています。

　ただし、朝鮮語音압 ap の中に圧があります。日本語音は「あつ」です
からㅂ받침が日本語の「つ」に対応していることになります。他に잡 chap

雑「ざつ」、습 seup 湿「しつ」、집 chip 執「しつ」があります。ㅂ받침は日本語では「ふ」「う」に対応する場合が主流ですが、このように「つ」に対応する場合もあります。

15 日本人・日本語の起源と稲の伝来

日本人の起源

　日本の考古学の世界では、1万年以上も前から縄文人が狩猟・採集を中心とした生活をしていて、縄文人が南海産の貝の腕輪をしていたことから、南方とのつながりを示しています。そこに紀元前1千年頃に、朝鮮半島経由で、弥生人が鉄器と須恵器をもって登場しています。現在の日本人に多い乾燥耳垢はアジア大陸北部など寒い地域の特徴であること、赤ちゃんに蒙古斑があることから、北方系とのつながりもあります。また、現代日本人に北方系の顔と南方系の顔があること等から、南方からきた縄文人に北方から大量にきた弥生人が入り込んだと考えられます。最近、発掘人骨のミトコンドリアDNAの塩基配列研究から、縄文人は東南アジア人や沖縄、アイヌと近いこと、弥生人は大陸人と近いこと、本土の現在人は縄文人と弥生人の中間的な存在で、両者の混血が起こったことが判明してきています。

日本語の起源

　日本語と同じ語順（主語＋目的語＋動詞）で、名詞や動詞の語幹＋接尾

詞（助詞）を付けて活用させるなどの特徴を共有している、モンゴル語、チュルク語、ツングース語、夫余語、朝鮮語、日本語のグループをアルタイ語族ということはすでに述べました。これらの言語を比較検討する学問を言語発生学といいます。それによると日本語と朝鮮語は今から2500〜3000年くらい前に分かれたと言われています。弥生時代の始まりと一致しそうです。すなわち、弥生人のことばとして日本語が始まったと言えそうです。日本語の中に残っている縄文語を南アジアに求める研究もありますが、日本語と朝鮮語は最も近い言語であることは間違いありません。

稲の伝来

　日本の稲には陸稲（熱帯ジャポニカ）と水稲（温帯ジャポニカ）があります。

　陸稲は紀元前3500年の縄文時代の遺跡から見つかっています。

　水稲の水田跡は紀元前500〜1000年ごろの遺跡が北九州で見つかっています。稲についても、ミトコンドリアDNAの塩基配列研究が進んでいて、日本の温帯ジャポニカの種類のうち一番多いタイプが、朝鮮半島には存在していなくて、揚子江下流の温帯ジャポニカと一致していることから、日本への稲の伝来は中国揚子江下流からの直接的伝来が主流と考えられるようになりました。

古代の航海術

　対馬海峡だと途中に対馬や壱岐、沖の島などがあり、60kmほど先の目標を目視しながら渡航できます。海流や風の考慮なしで、時速4kmで櫓を漕いだとしても1日の行程です。全行程を3日で移動できます。

　中国揚子江の河口付近から日本までは1000kmほどの距離ですから、時速4kmで櫓を漕いだとしたら10日の行程になります。ただし、黒潮海流が東シナ海から九州南岸に時速7kmほどの速さで流れていますから、そ

第3部　漢字をめぐる話

の速度を加えると4日ほどで九州に到着できます。また帆船は、ヨットの三角帆のように風上に走ることはできませんが、帆をはれば風上から風下へはさらに速度をあげることができます。古代帆船は遺跡から発見されています。

　古代人が東シナ海を渡るのは無理だというのは、鑑真和上が何度も遭難したという話に影響された現在人の思いこみのようです。古代人は海流の存在も知っていたし、帆船も利用できたし、昼は太陽、夜は星空で方位もつかめたはずです。確かに対馬海峡ルートは安全で早いのは確かですが、それで、大陸からの直通ルートは無いと否定するのは無理があります。

田、畑、水田

　中国語の「田」は水田も畑も含んだ概念です。日本では田というと水田をイメージします。そこで、火田（焼き畑）を意味する漢字として畑という和製漢字が作られています。朝鮮では田というと焼き畑をイメージします。そこで、田に対して水田を意味する水の下に田を書く朝鮮製漢字「畓」が作られています。

　朝鮮半島での水稲の栽培は日本より早いかもしれませんが、田植えは気候的に困難でした。ハングルを作らせた15世紀中頃の朝鮮王朝第4代国王世宗大王は、雨量計を作らせ、気象観測をしたことでも有名です。田植えをすると、苗が根付くまで水田に水を張るだけの水量が必要です。朝鮮半島は日本列島より梅雨の始まりが遅く、期間としても短く、雨量もさほど多くはありません。それで、田植えに適した地域は南部に限られます。それでも、うまくいけば米の収穫量を大幅に増やせますので、無理に田植えをして苗を枯らしてしまうことがありました。結局、不作になることが増え、田植えの時期を判断するために、雨量計を作成して気象観測をしたという話です。つまり、田植えが広がりだしたのが15世紀中頃の話です。日本の田植えより遅れて広がっていますので、田植えの方法も日本から伝わったのかもしれません。別々のルートで稲作が伝わり、田植えという方

105

法が日本で開発され、それが朝鮮半島に伝わったと考えています。確かに、この時代は東アジアの文化の中心は中国で、朝鮮半島経由で伝来するというのが主流だと思いますが、中には中国から直接伝来したり、日本から逆に朝鮮半島に伝来したりもあったはずです。

16 漢字の伝来

　日本列島に漢字が伝来したのはいつごろでしょうか？　このことについて考えてみようと思います。少し長くなりますが、お付き合いください。

日本書紀

　日本書紀によれば、応神16年2月（西暦285年）に王仁博士によるとされています。この話の前に百済の辰斯王が応神3年（西暦272年）に殺害されたとありますが、朝鮮半島の歴史書によれば西暦392年の話なので、ここでは120年（干支2巡）早めて記載されていることがわかります。このことから、応神16年の話は西暦405年のこととされています。

　この王仁博士は千字文をもたらしたとされていますが、中国での千字文の完成はのちの時代の話であるので疑わしいとの説もあります。ただ、この時の千字文は完成途上の物とも考えられます。どちらにしても、5世紀初頭までに漢字が伝わってきたことは間違いないと思われます。

　また、同時代の広開土王（在位391〜412年）の碑に高句麗が倭国と戦ったと書かれていて、百済は高句麗との対抗上、倭国との親交を深め、文化交流も盛んだったわけです。この時に漢字が伝わったかも知れません。

106

王仁博士は日本語を話した？

　日本書紀には、王仁博士は応神16年の来日後、すぐに太子の師になったこと、経典を習ってよく理解できたと書かれています。「則太子菟道稚郎子師之、習諸典籍於王仁莫不通達」。太子が直接教えを受けたように書かれています。王仁博士はどんなことばをしゃべったのでしょう。もちろん古代朝鮮語（正確には百済語）でしょう。来日して直後に高齢の偉い博士が別の言語をマスターしてしまうとか、そんなことを要請するという失礼なことは考えられません。太子は日本語も朝鮮語もマスターしていたのでしょう。太子だけでなく、当時の貴族全体に言えることだったのではないでしょうか。それほど、この時代の日本語も朝鮮語もほとんど変らない言語だったのです。

　また、王仁博士は和歌の祖ともされています。「難波津に　咲くやこの花　冬ごもり　今を春べと　咲くやこの花」が王仁博士の作とされています。王仁博士は河内文氏の祖です。朝鮮史料には登場せず、作られた伝説の人ですが、朝鮮半島からの文化伝来と朝鮮語と日本語の近似性から、当時の人にとっては違和感のない話としてできあがっています。

宋書

　中国の南北朝時代（三国時代、晋の後）の南朝の国に、420年から479年にかけて、「宋」という国がありました。中国では1つの国が滅んだあと、次に登場した国の歴史家が滅んだ国の国史を書くということが連綿となされてきました。宋書（沈約［513年没］編）には、いわゆる倭の五王、讃、珍、済、興、武が宋に表（文章）を送り、都督六国軍事安東大将軍の称号を乞うています。代々、安東大将軍しかもらえなかったので、武は478年に見事な漢文の表「封国偏遠作藩干外。自昔祖禰躬擐甲冑。跋渉山川不遑寧。……」を奉り、ついに「使持節都督倭新羅任那加羅秦韓慕韓六国諸軍事安

東大将軍倭国王」を認められています。この時代に本格的に漢字の文献が伝来し、普及したのかもしれません。漢字の呉音の呉とはこの南朝の宋の可能性もあります。

三国志

さらに時代をさかのぼると、三国志（陳寿［233–297］編）に、魏の勢力に対抗しようとした呉が海伝いに朝鮮半島の北にいた公孫淵に援軍を送った話があります。238 年に公孫淵は魏に滅ぼされてしまいますが、その年に倭国の卑弥呼が魏に使いを出しています。実はこの時、呉の方も軍隊の徴発のために海東（倭国？）に使いをしたとの話があります。三国志魏史倭人伝に「倭国はもと 100 余国、今使役の通ずるところ 30 国」とあり、卑弥呼の耶馬壱国は狗奴国（残り 70 国の勢力か？）と戦っています。狗奴国とは呉に繋がる勢力かもしれません。そして、240 年、帯方郡から魏の使者が倭国を訪れ、245 年には応援の使者を出し、黄旗（橄）を与えています。

後漢書

さらに遡って、後漢書（范曄［398–445］編）に、107 年に倭国王、師升が請見の使者を送り、その前、57 年に委奴国が奉献して印綬をもらったとあります。この 57 年という年は後漢光武帝の建武中元 2 年で、後漢が建国された翌年にお祝いの使者を送ったということです。金印は有名です。

教科書では委奴国をワのナ国（委国の分国、奴国）と読んでいますが、これは倭人の 30 国の代表としての委奴国を認めず、あくまで倭国が統治していたとしたいために、そう無理に読ませているのです。しかし、中国の金印を分国に授けた例は無く、素直にイト国と読むべきです（160 頁「倭」を参照）。実際その時の金印が伊都国の近く志賀島から江戸時代に見

つかっています。

徐福

　また、中国から日本に来た話として、紀元前221年に中国を統一した秦の始皇帝が不死の薬を求めて、東の果て蓬莱島（日本？）に徐福を派遣したとあります。和歌山に徐福の墓があるとされていますが、これは後世の作り話でしょう。

呉の太伯之後

　三国志の前に書かれた魏略（魚豢著）という本があります。陳寿もその本を参考にしたと言われています。その元本は現在散逸していますが、いくつかの本（晋書、梁書）に引用文が載っています。そこには魏史倭人伝には記述のないことで重要な話が２つあります。ひとつは「自帯方至女國万二千余里 其俗男子皆黥面文 聞其旧語 **自謂太伯之後** 昔夏后小康之子 封於会稽 断髪文身 以避蛟龍之害 今倭人亦文身 以厭水害也」と、自ら太伯の後と称していたことです。この太伯という人は紀元前12世紀の人で句呉という国を開いた人です。この句呉という国は王の夫差が紀元前473年に臥薪嘗胆で有名な越の勾践に滅ぼされるまで続きます。夫差の子孫は海に逃れたとの言い伝えがあり、「新撰姓氏録」によると松野連の祖は夫差であるとされています。そうすると、紀元前470年ごろに中国から直接海を渡って日本列島にやってきた人たちが漢字をもたらしたかも知れず、呉音とはこの時の句呉の音かもしれません。

　魏略記載のもう一つは「四季を知らず、春秋をもって歳を数える」と、これは現在の１年を種まきから収穫と収穫から種まきの２年に分けていたという話です。古代は２倍年だとすると、古代の天皇が100歳を超える長寿であった謎が解明されます。

漢字の伝来時期

漢字が朝鮮半島に伝来したのは紀元前 300 年ごろと言われています。ちょうど古朝鮮（衛氏朝鮮）が建国される前の時期です。漢字が日本に伝来した時期を最も古い想定時期にしても、「夫差の子孫が渡来した紀元前 470 年ごろ」です。それでも、日本語が朝鮮語と分かれた紀元前 1000 年（弥生人の登場）の後に、漢字が朝鮮半島と日本列島に伝来したことになります。

語頭の濁音清音と関係して

日本語では漢字の語頭の濁音はそのまま発音しますが、朝鮮語では漢字であっても語頭に濁音がこない話をすでにしました。朝鮮半島に漢字が伝来したのは紀元前 300 年ごろと言われています。それが何百年も経過して日本に伝来したとすると、日本でも漢字の語頭の濁音は無くなっていたはずです。したがって、日本への漢字の伝来は朝鮮半島を経ず中国から直接もたらされた可能性が高いと私は考えます。

17 中国語の多彩な発音に対応した朝鮮語

すでに朝鮮語と日本語の発音の変化やパッチムの有声音化によって漢字の朝鮮語音と日本語音に相違が生じてきたことを説明しました。

ここでは、中国語との関係での相違について説明します。同時期に中国から入って来ても、中国語の多彩な発音をどう聞き、どう表現するかの違

いによって朝鮮語音と日本語音は異なってきます。

시、사、지、자、치、차、씨

　日本語音が「シ」「ジ」の漢字の現代中国音は shi、si、chi、ci、zhi、zi と多彩です。shi 音の漢字である、市・詩・始・視・試・施・時・侍・示の朝鮮語音も시 si です。zhi 音の志・誌・支・枝・肢・止と chi 音の持の朝鮮語音は지 chi です。中国語音が si である四・死・司・思・私・似・寺と shi 音の一部の師・史・使・士・事と辞 ci の朝鮮語音は사 sa です。さらに中国語音が zi である子・資・姿・姉・諮・自・字と ci である刺・磁の朝鮮語音は자 cha です。その他、次 ci が차 cha で、歯 chi、治 zhi が치 chi で、氏 shi が씨 ssi です。

　法則的には、中国音 shi と시 si、中国音 si と사 sa、中国音 zhi と지 chi、中国音 zi と자 cha、中国音 chi と치 chi、中国音 ci と차 cha、ときれいな対応関係が有りそうです。昔はすべてこの原則に当てはまっていたのが、その後の中国音が変化してしまって、若干のずれが生じたのかもしれません。

中国音に対応する朝鮮語

　日本語で「カ」「ガ」と発音する漢字の中国音も、jia、xia、xue、gua、hua、ke、ge、he、e、guo、huo、wo と多彩です。このうち、家 jia、加 jia、仮 jia、佳 jia、価 jia、架 jia、暇 jia、歌 ge、可 ke は朝鮮語で가 ka です。菓 guo、果 guo、過 guo、寡 gua、課 ke、科 ke は과 kwa で、花 hua、華 hua、画 hua、化 hua、火 huo、貨 huo、禍 huo、靴 xue は화 hwa で、荷 he、何 he、河 he、賀 he、夏 xia、下 xia は하 ha で、渦 wo は와 wa で、雅 ya、芽 ya、我 wo、餓 e は아 a です。基本的に対応関係が認められます。

　日本語で「カク」「ガク」と発音する漢字も、中国語の音は、ge、he、que、xue、jue、e、jiao、kuo、guo と多彩です。そのうち、各 ge、閣 ge、殻 ke、覚 jue、角 jiao は朝鮮語では각 kak で、格 ge、隔 ge は격 kyeok で、郭

111

guo は곽 kwak で、較 jiao は교 kyo で、確 que、拡 kuo、穫 huo は확 hwak で、核 he は핵 haek で、革 ge は혁 hyeok で、獲 huo は획 hoek、学 xue は학 hak で、岳 yue、楽 yue は악 ak で、額 e は액 aek です。

日本語で「カン」「ガン」と発音する漢字も、中国音は kan、gan、yan、han、wan、kuan、guan、juan、huan、qian、jian、xian、tian と多彩です。肝 gan、幹 gan、干 gan、刊 kan、看 kan、簡 jian、間 jian の朝鮮語音は간 kan で、鑑 jian、監 jian、甘 tian、敢 gan、感 gan、勘 kan、憾 han は감 kam で、官 guan、館 guan、管 guan、缶 guan、観 guan、冠 guan、貫 guan、慣 guan、関 guan、棺 gan、寛 kuan、款 kuan は관 kwan で、完 wan、緩 huan は완 wan で、巻 juan は권 kwon で、乾 qian は건 keon で、患 huan、歓 huan、環 huan、還 huan、換 huan、喚 huan は환 hwan で、汗 han、寒 han、漢 han、韓 han、閑 xian は한 han で、陥 xian、艦 jian は함 ham です。

やはり、朝鮮語は多彩な中国語の発音に対応しているとともに、中国語の昔の音を推測することもできます。

18 漢字の活用方法の相違

今から 2 千数百年前、朝鮮半島に住む人も日本列島に住む人も、固有語を持っていました。表記する文字は無く、ヒトの記憶の中で伝えられていきました。そこに中国語（漢字・書物・文化）が多くの渡来人と共に入って来ました。知識階層の中には、中国語をマスターできた人も出ました（遣唐使、菅原氏や弘法大師など）。そこまでいかなくても、多彩な表現が可能になるという利点で、日常会話でも漢熟語など漢字をそのまま使う方法が広がります。現在でも専門用語など微妙なニュアンスを表現できるので英語をそのまま使ったりしています。

112

第 3 部　漢字をめぐる話

表音文字の登場

　しかし、中国語と朝鮮語・日本語は語順や助詞の有無など文法も大きく異なります。また、漢字は文字として物に表記できることで、時間と空間の伝搬ができるという利点があります。そこで、固有語を漢字の意味を借りて表記する方法（訓）や、漢字の音や訓を借りて朝鮮語・日本語を表記するという方法が編み出されます。朝鮮では「吏読」、日本では「万葉仮名」といわれるものです。この場合、発音を漢字で書いていましたが、手間がかかりますから、日本では平安時代 9 世紀末の紀貫之（土佐日記）の時代までに「ひらがな」「カタカナ」が作られます。朝鮮は 7 世紀の統一新羅の時代に「吏読」が使われなくなりました。中国と接し、大国の脅威を身近に感じていますから、独自の文化を推し進めにくい事情があります。そのため独自の表音文字ハングルも朝鮮王朝世宗大王の時（「訓民正音解例」の発行 1446 年）となります。しかも、民衆の間で盛んに使われましたが、国の公式な文字とは認められなかったのです。

音がいくつもある日本語

　中国人や朝鮮人で、日本語が難しいという理由にあがるのが、一つの漢字にいくつもの音があることです。中国では、漢字の読み方は時代によって変化はしますが、原則的に一つの漢字に一つの音です。朝鮮語も原則的に漢字の音は一つです。例外的に、朝鮮語では金が김 kim と금 keum の二つの音を持っていたりします。金の日本語音もキンとコンで類似しています。そして、金堂、金剛、金光、金色などコンと読む熟語は仏教と関係がありそうです。古い音がキンで、後から仏教とともにコンの音が入って来たと考えられます。このような場合、朝鮮語では通常古い音が消えるのですが、金というのは新羅の王家の姓であったので変えることができず、名前にだけ김 kim という音が残ったのです。

113

金以外に 2 つ以上の朝鮮語の音を持つ漢字に易（容易용이 yongi、貿易무역 muyeok）、省（反省반성 panseong、省略생략 saengryak）、楽（悦楽열락 yeorrak、音楽음악 eumak）、悪（善悪선악 seonak、憎悪증오 cheungo）、画（映画영화 yeonghwa、計画계획 kyehoek）があります。これらの漢字の朝鮮語音は日本語音のイ、エキに対して이 i、역 yok が、セイ、ショウに対して성 seong、생 saeng が、ラク、ガクに対して락 rak、악 ak が、アク、オには악 ak、오 o が対応しています。

　これは、日本語・朝鮮語ともに、漢字の新しい音が入ってきた時に、音だけでなく意味も新しくなっていた場合に、旧の意味で使われる時は旧の音で、新しい意味で使われる時は新の音でと使い分けがされたと考えます。

「やすい」と「かえる」

　易（イ、エキ）には容易の「やすい」と交易の「かえる」の意味があり、日本語ではそれぞれの固有語がありますが、朝鮮語でも쉽다 suipta 易いという固有語があり、"말하기는 쉽고 행하기는 어렵다 marhagineun suipgo haenghagineun eoryeopta 言うは易く、行うは難し"です。

　換えるという意味でも바꾸다 pakkuda という固有語があります。

「わるい」と「にくむ」

　悪（アク、オ）は善悪の「わるい」と憎悪の「にくい」の意味があり、日本語ではそれぞれの固有語がありますが、朝鮮語でも나쁘다 nappeuta 「わるい」と밉다 mipta 「にくい」の固有語があります。

「え」と「くわだて」

　画（ガ、カク）は絵画の「え」と企画の「くわだて」の固有語があります。朝鮮語では그림 keurim 「絵」という固有語がありますが、「くわだて」は

第3部　漢字をめぐる話

企図기도 kido、陰謀음모 eummo、計画계획 kyehoek の漢字語が使われます。

「たのしむ」と「がく」

楽（ラク、ガク）には遊楽の「たのしい」と音楽の「楽」の意味があって、日本語でも音楽の楽は音だけで読まれています。朝鮮語でも즐겁다 cheurkeopta「たのしい」という固有語はありますが、音楽の楽は楽락 rak/악 ak【消える子音、r音、n音】参照）と音だけで表現します。

「はぶく」と「ふりかえる」

また、省（ショウ、セイ）は省略の「はぶく」、反省の「ふりかえる」との意味がありますが、朝鮮語では、省생 saeng／성 seong の「はぶく」、「ふりかえる」にぴったり対応する固有語はありません。漢字一字での表現もなく、省略（생략）saengryak、反省（반성）panseong が使われます。

るつぼ文化

日本文化の特徴を、外から入ってくるばかりで、出ていくところがなく、様々な思想や宗教が互いを排斥することなく共存しているとして、「るつぼ文化」「ごちゃまぜ文化」という表現がされます。子供が産まれたら、神社に参り、結婚式は神前、教会、人前と特にこだわりません。祭りは神社、クリスマスにはツリーを飾ってケーキで祝い、年末は除夜の鐘を聞き、元旦には門松を飾り、誕生日には happy birthday を歌う。死んだら仏式で葬儀を上げ、宗派が違っても受け入れています。

漢字についても、古い音（呉音）はそのままで、新しいことばは新しい音（漢音）を使うということで取り入れています。日本語の老若男女の読みは「ロウニャクナンニョ」です。男は「ダン」と読むのが大半ですが、「美男」「長男」の時は「ナン」と読みますし、女は「女人」の時は「ニョ」

115

と読みます。朝鮮語の男の音は남 nam、女の音は녀／여 nyeo/yeo（【消える子音、r音、n音】参照）だけです。ここからも「ダン」「ジョ」の読みが古いことがわかります。そして、中国で「ナン」「ニョ」と発音するようになった後（おそらく仏教伝来のころ）に、朝鮮語では全て「ナン」「ニョ」になり、日本語では新しいことばだけが新しい発音を採用したのでしょう。

漢字を訓でも読む日本語

　日本語では、音に呉音と漢音があるだけでなく、男を「おとこ」と発音したり、女を「おんな」と発音したりします。これは漢字圏で日本だけの特徴です。

漢字を音でしか読まない朝鮮語

　朝鮮語では、漢字の意味を固有語で説明したり、鶏卵（계란）부침 kyeranpuchim「卵焼き」、鶏卵（계란）말이 kyeranmari「卵巻き」のように漢字の音＋固有語で表現したりすることばはありますが、鶏卵（계란）부침を鶏卵焼と書いたり、鶏卵（계란）말이を鶏卵巻とは決して書きません。韓国のニュース番組でニュース広場というのがあります。日本語だと「ひろば」と訓で読みますが、朝鮮語では広場は日本語の「広（こう）」「場（じょう）」に対応する광장 kwangjang と音で読みます。

複数の意味を持つ漢字例

　日本語でも訓の無い漢字はありますが、中国語で複数の意味を持つ漢字の場合、日本語では、それぞれの意味に対応する固有語を訓として、ほぼ完璧（例外は楽）に対応させています。そして、音で読んだり、訓で読んだりします。朝鮮語で音が複数ある漢字のところで説明しましたが、複数の意味と複数の音が対応している場合、複数の意味に対応した固有語があ

る例を示しました。これから、漢字の音が一つで意味が複数ある場合の話
をします。

「かど」と「つの」

　角の音は「カク」で、訓として、「つの」と「かど」があります。朝鮮
語の場合はどうなっているでしょうか？　朝鮮語でも角각の意味は「つ
の」と「かど」で「つの」は뿔 ppur、「かど」は모퉁이 motungi という固
有語を持っています。

「やさしい」と「すぐれる」

　優우 u は優柔の「やさしい」と優秀の「すぐれる」との意味があります
が、「やさしい」の朝鮮語は상냥하다 sangnyanghada があり、「すぐれる」
は뛰어나다 ttuieonada が対応しています。

「にがい」と「くるしい」

　また、苦고 ko は「にがい」という意味で쓰다 sseuda があり、「くるしい」
の意味で고통스럽다 kotongseureopta、답답하다 taptaphada が使われます。

「からい」と「つらい」

　さらに、辛신 sin は香辛料など「からい」という意味と、辛辣、辛苦、
辛酸など「つらい」の意味を持っています。朝鮮語では「からい」は맵다
maepta で「つらい」は괴롭다 koeropta です。興味深いのは、日本語で「か
らい」は単に味だけでなく、「性格や発言がきびしい」という意味に使わ
れますが、朝鮮語でも맵다には「性格・人情が険しい」という使い方があ
ります。ただ、日本語では「からい」は塩からいにも使われますが、朝鮮

117

語では맵다 maepta は唐がらしや山椒の「からい」にだけ使われて、「塩辛い」や「しょっぱい」というのは짜다 cchada が使われます。そして、点数がからいという時は짜다 cchada「しょっぱい」が使われる点が少し異なっています。これらが、二つ以上の意味を持つ漢字に対して二つ以上の固有語が対応している朝鮮語の例です。

「あし」と「たりる」

　足（ソク）という漢字は、足首、二足、足跡など手足の「あし」を表すほかに、満足、充足、不足と「たりる」という意味で使われます。朝鮮語では足という漢字の音은족 chok です。訓（固有語）は다리 tari で、意味は手足の「あし」（正確には英語の leg が意味する部分、foot 足先の部分は발 par を使う）を表すだけで、発音は tari なのに「たりる」という意味はありません。でも、満足만족 manjok、充足충족 chungjok、不足부족 pujok と「たりる」という意味の漢字「足」を使っています。そして하다を付けて、만족하다 manjokhada「満足する」、충족하다 chungjokhada「充足する」、부족하다 pujokhada「不足する」です。さらに족하다 chokhada「足する」、これがすなわち日本語の「たりる」なのです。すなわち、「あし（leg）」という意味には固有語다리 tari を当て、「たりる」には漢字の音を借りて족하다 chokkada で表記するのが朝鮮語です。日本語では、「たりる」には朝鮮語の足と同じ「たり」を当て、そして「あし」という新しいことばを手足の「足（leg+foot）」を意味する訓としています。あるいは「あし」ということばは「tari」の語頭の子音が取れて「ari」となり、さらに r が s に変化して「asi」になったのかも知れません。

「いく」と「おこなう」

　行は、東行のように「いく」、行動のように「おこなう」の意味があり、朝鮮語では固有語가다 kada「いく」と、漢字の音を使った行（행）하다

第 3 部　漢字をめぐる話

haenghada「おこなう」が対応しています。これも、一つは固有語、一つ
は漢字音表記＋하다という方法です。

「そなえる」と「とも」

　供という漢字は日本語では「そなえる」と「とも」の二つの訓を持って
いますが、朝鮮語では「そなえる」を意味する바치다 pachida という固有
語はありますが、「とも」に対応する固有語がありません。漢字熟語の随
行員수행원 suhaengwon か従者종자 chongja が使われます。

「みさお」と「あやつる」

　操は貞操の「みさお」と操縦の「あやつる」の二つの意味がありますが、
朝鮮語では「あやつる」「みさお」に対応する固有語がありません。漢字
一字での表現もなくて、貞操정조 cheongjo、操縦조종 chojong の二字熟語
が使われます。

消えた固有語

　日本の室町時代に作られた狂言で、雁「がん」「かり」にまつわる話が
あります。ある領主のもとに 2 か所の農民から献上物が届けられます。ひ
とつは「がん」でもうひとつは「かり」です。結局同じ物だと判り、どち
らの言い方がいいかではなく、高貴な食べ物を味わえることを喜ぼうとい
う話なのですが、この時代に「がん」と「かり」が拮抗していたことがわ
かります。ひとつのことばに中国語の音と固有語の訓がある場合、もとも
との固有語が優勢だと思われるのですが、雁の場合には「かり」と「がん」
が拮抗していました。

　漢字の音が広がり、消えた固有語は無いのでしょうか？　日本語では肉
の音が「ニク」で訓は「しし」です。鉄の音が「テツ」で訓は「くろがね」、

119

銅は「ドウ」と「あかがね」、銀は「ギン」と「しろがね」ですが、「しし」
「くろがね」「あかがね」「しろがね」ということばは現在ではほぼ死語で、
まず使われることがありません。

かゆ
粥

　かゆは伝統的な料理で、粥と書きますが、日本語で粥の音 juku として
使われるのは、粥腫状動脈硬化という医学用語ぐらいです。ところが、朝
鮮語では日本語の「かゆ」に相当する固有語は消えてしまって、かゆは죽
chuk という粥の音のみで表記されています。かゆをあまり食べないのか
というとそうではなく、鶏肉の粥など朝食の定番ですし、豪華なアワビ粥
もあります。

19　漢字の音表記が多い朝鮮語

　漢字一字の音読みに「する」を続けると動詞や形容詞になりますが、日
本語での用例は、「課する」「画する」「隔する」「関する」「帰する」「期す
る」「決する」「擬する」「窮する」「急する」「饗する」「供する」「屈する」
「効する」「資する」「死する」「属する」「損する」「得する」「熱する」「発
する」「反する」「比する」「貧する」「扮する」「僻する」「略する」「案ず
る」「感ずる」「禁ずる」「興ずる」「減ずる」「講ずる」「乗ずる」「総ずる」
「断ずる」「談ずる」「通ずる」「投ずる」「変ずる」「命ずる」でほぼ網羅し
ていると思います。
　朝鮮語では上記の日本語以外に「加 (가) 하다」「可 (가) 하다」「諫 (간)
하다」「記 (기) 하다」「基 (기) 하다」「求 (구) 하다」「兼 (겸) 하다」「刻

120

（각）하다」「告（고）하다」……などがあります。日本語では「加する」
とは言わず「くわえる」、「可する」とは言わず「よしとする」、「諫する」
とは言わず「いさめる」、「記する」というより記すが一般的ですし、「基
する」とは言わず「もとづく」といい、「刻する」とは言わず「きざむ」
といいます。「決する」「擬する」「貧する」「熱する」は音で読む場合もあ
りますが、「きめる」「こらす」「ひもじくする」「あつくする」という言い
方もして、両方の使い方があります。「死する」「属する」「損する」「得す
る」「発する」「反する」「扮する」には音読みだけで、適当な固有語があ
りません。つまり、日本語では漢字一字は原則的に訓つまり固有語で表現
し、一部の表現困難なものを漢字の音で表現しています。これに対し朝鮮
語では、かなりの例を漢字 1 字の音＋하다で表記していると言えます。
ざっと見て日本語の 3 倍以上の用例があります。

当（당）하다

　日本語では漢字語（動作性名詞）に「される」をつけると受動詞になり
ます。朝鮮語でも漢字語（動作性名詞）に、되다 toeda「なる」、받다 patta「う
ける」、当（당）하다 tanghada「される」をつけると受動詞になります。
　形成（형성）되다 hyeongseongtoeda「形成なる（される）」、掲載（게재）
되다 kechaetoeda「掲載なる（される）」、展開（전개）되다 cheongaetoeda「展
開なる（される）」と使われます。
　そして、尊敬（존경）받다 chongyeongpatta「尊敬うける（される）」、称賛
（칭찬）받다 chingchanpatta「称賛うける（される）」と使われます。
　さらに、逮捕（체포）当（당）하다 chepodanghada「逮捕される」、攻撃（공
격）当（당）하다 konggyeokdanghada「攻撃される」、嘲弄（조롱）当（당）하
다 chorongdanghada「嘲弄される」と使います。
　このように、漢字語の意味によって、3 者が使い分けられています。

121

当

　この当（당）하다 tanghada は、当当１字に하다 hada を付けたことばで
あって、本来、「命中する」「当選する」「犬も歩けば棒にあたる（ぶつか
る）」「事故に遭う」「１人あたり（について）２個」「事件にあたる（担当す
る）」という意味です。ここまでは、日本語の当たるということばの意味
と同じです。

　また、漢字語も、当家당가 tangga、当局당국 tangguk、当地당지 tangji、
当代당대 tangdae、当時당시 tangsi、当選당선 tangseon、当所당소 tangso、
当然당연 tangyeon、当初당초 tangcho などと、多数の熟語がある点も中・
朝・日共通です。

　ただ、当（당）하다 tanghada は、さらに、「該当する、匹敵する」とい
う意味を持ち、そして、受け身を作る接尾語としても使われているのです。

とんでもない

　当（당）치 않다 tangchi anhta は당지 아니하다 tangji anihada の縮約形です。
「当じゃない」、「とんでもない」という意味として使われています。日本
語の「とんでもない」も「当ではない」から来ていると考えます。

　しかも、古代の発音に遡ると朝鮮語の発音と一致してきます。当の旧か
なづかいの表記は「たう」この発音は朝鮮語の당 tang に通じます。「では
ない」の別表現は「じゃない」「じゃねえ」ですから日本語「taujane」と
朝鮮語「tangjiani」でそっくりになります。

二字熟語の活用

　二字熟語に하다 hada「する」や되다 toeda「なる」を付ける用例は日本
語でも朝鮮語でも多数あります。

122

第3部 漢字をめぐる話

安心（안심）하다 ansimhada、案内（안내）하다 annaehada、安堵（안도）하다 andohada、意図（의도）하다 euidohada、移住（이주）하다 ijuhada、一喝（일갈）하다 irgarhada、移動（이동）하다 idonghada、運搬（운반）하다 unbanhada、応対（응대）하다 eungdaehada、温存（온존）하다 onjonhada、結婚（결혼）하다 kyeorhonhada、計算（계산）하다 kyesanhada、記憶（기억）하다 kieokhada、失礼（실례）하다 sirryehada、当然（당연）하다 tangyeonhada、監視（감시）하다 kamsihada、産卵（산란）하다 sanranhada、束縛（속박）하다 sakpakhada、難破（난파）하다 nanpahada、摩耗（마모）하다 mamohada 等々です。

日本語でも「記憶にございません」は国会でよく聞く表現ですが、固有語の「憶える」の方が日常会話でよく使用されています。朝鮮語では외우다 oeuda「暗記する」「憶える」という固有語もありますが、記憶（기억）하だが日常会話でよく使用されます。二字熟語でも、朝鮮語の方が、日本語よりも使用頻度が高くなっています。

시키다

日本語では漢字語に「する」が付いた他動詞や自動詞の「する」を「させる」に変えると使役動詞になります。朝鮮語でも漢字語（動作性名詞）＋하다の하다を시키다 sikida に変えると使役動詞になります。

留学（유학）시키다 yuhaksikida「留学させる」、発展（발전）시키다 parjeonsikida「発展させる」、譲歩（양보）시키다 yangbosikida「譲歩させる」、撤回（철회）시키다 cheorhoesikida「撤回させる」、黙認（묵인）시키다 muginsikida「黙認させる」と使います。

四文字熟語

四文字熟語は中国の春秋戦国時代（紀元前1000年〜紀元前200年ごろ）の文献等から採用されていて、広く使われている点も中国語、朝鮮語、日

123

本語に共通しています。その中でも全く一致しているもの、少し違うもの、それぞれ独自なものがあります。まず一致していてよく使われる四文字熟語を 50 音順に紹介します.

悪戦苦闘악전고투 akcheongotu、阿鼻叫喚아비규환 abikyuhwan、暗中模索암중모색 amchungmosaek、曖昧模糊애매모호 aemaemoho、意気消沈의기소침 euigisochim、意気投合의기투합 euigituhap、意味深長의미심장 euimisimjang、異口同音이구동음 igudongeum、以心伝心이심전심 isimcheonsim、二律背反이율배반 iyurpaeban、一挙両得일거양득 irkeoyangdeuk、一網打尽일망타진 irmangtajin、一心不乱일심불란 irsimburran、一身同体일심동체 irsimdongche、一衣帯水일의대수 ireuitaesu、一長一短일장일단 irchangirtan、一進一退일진일퇴 irchinirtoe、一触即発일촉즉발 irchokcheukpar、一日千秋일일천추 irircheonchu、日進月歩일진월보 irchinworbo、立身出世입신출세 ipsinchurse、威風堂々위풍당당 uipungdangdang、因果応報인과응보 ingwaeungbo、右往左往우왕좌왕 uwangjwawang、紆余曲折우여곡절 uyeokokcheor、雨天順延우천순연 ucheonsunyeon、有耶無耶유야무야 yuyamuya、栄枯盛衰영고성쇠 yongoseongsoe、弱肉強食약육강식 yakyukkangsik、流言飛語유언비어 yueonpieo、唯唯諾諾유유낙낙 yuyunaknak、悠悠自適유유자적 yuyujajeok、唯一無二유일무이 yuirmui、我田引水아전인수 ajeoninsu、言語道断언어도단 eoneododan、言行一致언행일치 eonhaengirchi、厳正中立엄정중립 eomcheongchungrip、温古知新온고지신 onkojisin、余裕綽々여유작작 yeoyujakchak、臥薪嘗胆와신상담 wasinsangdam、外柔内剛외유내강 oeyunaegang、竜頭蛇尾용두사미 yongdusami、用意周到용의주도 yongeuijudo、穏忍自重은인자중 euninjajung、五里霧中오리무중 orimujung、五臓六腑오장육부 ojangyukpu、苛斂誅求가렴주구 karyeomjugu、甲論乙駁갑론을박 kaproneurbak、鶏鳴狗盗계명구도 kyemyeonggudo、艱難辛苦간난신고 kannansingo、簡単明瞭간단명료 kandanmyeongryo、危機一髪위기일발 uigiirbar、起死回生기사회생 kisahoesaeng、奇想天外기상천외 kisangcheonoe、空前絶後공전절후 kongjeonjeorhu、軽挙妄動경거망동 kyeonggeomangdong、

124

教唆扇動교사선동 kyosaseondong、古色蒼然고색창연 kosaek**ch**angyeon、旧態依然구태의연 kutaeeuiyeon、金科玉条금과옥조 keumgwaokcho、金枝玉葉금지옥엽 keumjiokyeop、奇怪千万기괴천만 kigoe**ch**eonman、起承転結기승전결 kiseungjeongyeor、誇大妄想과대망상 kwadaemangsang、過大評価과대평가 kwadae**p**yeongga、過小評価과소평가 kwaso**p**yeongga、広大無辺광대무변 kwangdaemubyeon、狂瀾怒濤광란노도 kwangrannodo、厚顔無恥후안무치 huanmu**ch**i、四方八方사방팔방 sabang**p**arbang、四分五裂사분오열 sabunoyeor、四書五経사서오경 saseoogyeong、事実無根사실무근 sasirmugeun、三寒四温삼한사온 samhansaon、試行錯誤시행착오 sihaeng**ch**ago、終始一貫시종일관 sijongirgwan、心機一転심기일전 simgiirjeon、生気溌剌생기발랄 saenggibarrar、生老病死생로병사 saengrobyeongsa、生殺与奪생살여탈 saengsaryeotar、生存競争생존경쟁 saengjongyeongjaeng、善男善女선남선녀 seonnamseonnyeo、袖手傍観수수방관 susubanggwan、修身斉家수신제가 susinjega、純潔無垢순결무구 sungyeormugu、順序不同순서부동 sunseobudong、時時刻刻시시각각 sisigakkak、是是非非시시비비 sisibibi、自業自得자업자득 chaeopchadeuk、自縄自縛자승자박 chaseungjabak、自給自足자급자족 chageupchajok、自暴自棄자포자기 chapojagi、自画自賛자화자찬 chahwaja**ch**an、自然淘汰자연도태 chayeondotae、縦横無尽종횡무진 chonghoengmujin、適者生存적자생존 cheokchasaengjon、朝令暮改조령모개 choryeongmogae、朝三暮四조삼모사 chosammosa、竹林七賢죽림칠현 chukrim**ch**irhyeon、衆寡不敵중과부적 chunggwabujeok、電光石火전광석화 cheongwangseokhwa、前人未到전인미답 cheoninmidap、正々堂々정정당당 cheongjeongdangdang、諸子百家제자백가 chejabaekka、酒池肉林주지육림 chujiyukrim、即身成仏즉신성불 cheuksinseongbur、支離滅裂지리멸렬 chirimyeorryeor、遅遅不進지지부진 chijibujin、進退両難진퇴양난 chintoeyangnan、賛否両論찬반양론 **ch**anbanyangron、天高馬肥천고마비 **ch**eongomabi、天地神明천지신명 cheonjisinmyeong、天衣無縫천의무봉 **ch**eoneuimubong、天地開闢천지개벽 **ch**eonjigaebyeok、天災地変천재지변 **ch**eonjaejibyeon、天真爛漫천진난만

125

cheonjinnanman、天下無双천하무쌍 cheonhamussang、徹頭徹尾철두철미 cheorducheormi、千辛萬苦천신만고 cheonsinmango、千苦萬難천고만난 cheongomannan、千軍萬馬천군만마 cheongunmanma、千里萬里천리만리 cheonrimanri、千変萬化천변만화 cheonbyeonmanhwa、千差萬別천차만별 cheonchamanbyeor、千波萬波천파만파 cheonpamanpa、千篇一律천편일률 cheonpyeonirryur、晴耕雨読청경우독 cheongyeongudok、晴天白日청천백일 cheongcheonbegir、最後通牒최후통첩 choehutongcheop、春夏秋冬춘하추동 chunhachudong、針小棒大침소봉대 chimsobongdae、多聞博識다문박식 tamunbaksik、多事多難다사다난 tasadanan、多才多病다재다병 tajaedabyeong、多情多感다정다감 tajeongdagam、単刀直入단도직입 tandojigip、箪食瓢飲단 사표음 tansapyoeum、暖衣飽食난의포식 naneuiposik、内憂外患내우외환 naeuoehwan、内柔外剛내유외강 naeyuoegang、半身不随반신불수 pansinbursu、無窮無尽무궁무진 mugungmujin、無知蒙昧무지몽매 mujimongmae、門外不出 문외불출 munoeburchur、門戸解放문호개방 munhokaebang、眉目秀麗미목수 려 mimoksuryeo、美人薄命미인박명 miinbakmyeong、傍若無人방약무인 pangyakmuin、百年大計백년대계 paeknyeontaegye、百発百中백발백중 paekparbaekchung、不可思議불가사의 purgasaeui、不可抗力불가항력 purgahangryeok、不老不死불로불사 purrobursa、不言実行불언실행 pureonsirhaeng、不撓不屈불요불굴 puryoburgur、不要不急불요불급 puryoburgeup、不偏不党불편부당 purpyeonbudang、不協和音불협화음 purhyeophwaeum、悲憤慷慨비분강개 pibunganggae、破顔大笑파안대소 paandaeso、八面六臂팔면육비 parmyeonyukpi、平平坦坦평평탄탄 pyeongpyeongtantan、風紀紊乱풍기문란 punggimunran、抱腹絶倒포복절도 pobokcheordo、暴虐無道포학무도 pohakmudo、虎視眈眈호시탐탐 hositamtam、豪華絢爛호화찬란 hohwachanran、和気藹藹화기애애 hwagiaeae、画龍点晴 화룡점정 hwaryongjeomjeong、確固不動확고부동 hwakkobudong、荒唐無稽 황당무계 hwangdangmugye、喜怒哀楽희로애락 heuiroaerak、喜色満面희색만 면 heuisaekmanmyeon、八方美人팔방미인 parbangmiin など、日本で使われ ている四文字熟語のほとんどが共通しています。

第 3 部　漢字をめぐる話

　ただし、八方美人は日本語では誰にでもいい顔をして、主体性がないということで否定的な意味合いが付きまといますが、朝鮮語では文字どおり誰にでも好かれる人という意味で肯定的に使われます。

ちょっと違うもの

　ちょっと違うものは、順序が入れ替わっている、賢母良妻현모양처 hyeonmoyang**cheo**、半生半死반생반사 pansaengbansa、父伝子伝부전자전 pujeonjajeon（父子相伝）があります。

　一部の文字が別の似た意味の字と入れ替わっているものとして、赤（徒）手空拳적수공권 cheoksukongguon、一望無際（千里）일망무제 irmangmuje、一喜一悲（憂）일희일비 irheuiirbi、極悪無（非）道극악무도 keugakmudo、戦戦兢兢（恐恐）전전긍긍 cheonjeongeunggeung、速戦速（即）決속전속결 sokcheonsokkyeor、中途半断（端）중도반단 chungdobandan、大胆無雙（不敵）대담무쌍 taedammussang、唖然失色（喪失）아연실색 ayeonsirsaek、自己誇（顕）示자기과시 chagigwasi などがあります。

　男女老少남녀노소 namnyeonoso も、老若男女の類似語ですが、前後が入れ替わって、「少」が「若」になっています。作心三日작심삼일 chaksimsamir、作心、つまり「やろう」と心に決めても三日しかもたないということですが、日本語の「三日坊主」も出家する（坊主になる）と重大な決意をしたにも関わらず三日ももたないという言い方をしています。「三日坊主」は元々「作心三日」と言っていたのを、日本で改訂して「坊主」と言い出したものでしょう。

日本語では訓混じりになる四文字熟語

　三遷之教삼천지교 sam**cheo**njigyo、孟子の母がわが子のために 3 回も引っ越しをしてわが子の教育環境を整えたという有名な話ですが、日本語では之지 chi を「の」と読み、之以下を訓で読んで、三遷の教えと言います。

127

「之」の付く四文字熟語は他にもいくつかあって、朝鮮語ではすべて音のままで読みます。日本語では之の後、音で読む場合と訓で読む場合があります。

万全之策만전지책 mancheonjichaek、苦肉之策고육지책 koyukchichaek、糊口之策호구지책 hogujichaek、窮余之策궁여지책 kungyeojichaek、漁夫之利어부지리 eobujiri、芝蘭之交지란지교 chiranjigyo、経国之士경국지사 kyeonggukchisa、経国之才경국지재 kyeongukchijae、などは日本語でも之の後は音で読んでいます。

そして、糟糠之妻조강지처 chogangjicheo、鳥足之血조족지혈 chojyokchihyeor、傾国之色경국지색 kyeonggukchisaek、邯鄲之夢한단지몽 handanjimong、管鮑之交（り）관포지교 kwanpojigyo、破竹之勢（い）파죽지세 pajukchise などは之の後を日本語では訓で読みます。

文字が少し変わるものに竹馬故（の）友죽마고우 chukmagou、已（既）往之（の）事이왕지사 iwangjisa、烏合之卒（の衆）오합지졸 ohapchijor、惻隠之心（の情）측은지심 cheugeunjisim、などです。

他に、日本語では前半が音読みで後半が訓読みになる例として、門前成市문전성시 munjeonseongsi（門前市を成す）、光陰如箭광음여전 kwangeumyeojeon（光陰矢のごとし）、各人各色각인각색 kagingaksaek（十人といろ）、気脈相通기맥상통 kimaeksangtong（気脈相通ず）があります。朝鮮語ではすべて音読みです。

さらに、日本語で全部訓読みになる四文字熟語として、青出於藍청출어람 cheongchureoram（青は藍より出ずる）、七転八起칠전팔기 chirjeonpargi（七転び八起き）、過猶不及과유불급 kwayuburgeup（過ぎたるはなお及ばざるがごとし）があります。

日本語にない四文字熟語

朝鮮語には、日本語にない四文字熟語もたくさんあります。

随時変通수시변통 susibyeontong、一脈相通일맥상통 irmaeksangtong、一

言一行일언일행 ireonirhaeng、言行相反언행상반 eonhaengsangban、一場春夢일장춘몽 irjang**ch**unmong、愛之重之애지중지 aejijungji、改過遷善개과천선 kaegwa**ch**eonseon、公公私私공공사사 konggongsasa、半神半人반신반인 pansinbanin、事事件件사사건건 sasageongeon、申申当付신신당부 sinsindangbu、申申付託신신부탁 sinsinbutak、身体髪膚신체발부 sin**ch**ebarbu、束手無策속수무책 soksumu**ch**aek、百計無策백계무책 paekkyemu**ch**aek、百苦千難백고천난 paekko**ch**eonnan、百年偕老백년해로 paeknyeonhaero、百年佳約백년가약 paeknyeongayak、白面書生백면서생 paekmyeonseosaeng、白髪星星백발성성 paekparseongseong、白手乾達백수건달 paeksugeondar、不可形言불가형언 purgahyeongeon、有口無言유구무언 yugumueon、不事二君불사이군 pursaigun、不撤昼夜불철주야 pur**ch**eorjuya、門前乞食문전걸식 munjeongeorsik、格物致知격물치지 kyeokmur**ch**iji、三尺童子삼척동자 sam**ch**eoktongja、三尺長剣삼척장검 sam**ch**eokchanggeom、適時適地적시적지 choksijeokchi、昼夜長川주야장천 chuyajang**ch**eon、苦待苦待고대고대 kodaegodae、説往説来설왕설래 seorwangseorrae、雪上加霜설상가상 seorsanggasang、殺身成仁살신성인 sarsinseongin、多情多恨다정다한 tajeongdahan、九折羊腸구절양장 kujeoryangjang、万寿無彊만수무강 mansumugang、秋風落葉추풍낙엽 **ch**upungnagyeop、このあたりまでは漢字の意味で理解できると思います。

　以下解説を要すると思われるものを説明します。易地思之역지사지 yeokchisaji「相手の立場に立って思う」ことです。坊坊曲曲방방곡곡 pangbanggokkok「坊」も「曲」も場所や位置を示すことばで、「色々な場所に」という意味です。日本語では「津々浦々」というところです。牽強附会견강부회 kyeongangbuhoe は「こじつけ」という意味です。語不成説어불성설 eoburseongseor は「言うことが説を成さず」ということですが、未熟で辻褄が合わず、説にすらならないという意味です。落落長松낙락장송 nakrakchangsong とは「枝が垂れ下がっている青々とした大きな松」という意味です。

第 4 部

他にもあるおもしろい相違

20 すこし違う漢字語の使い方

　漢字語は中・朝・日で原則的に同義ですが、意味が少し違って使われることば、使用頻度が異なることば、独自の造語があります。

愛人

　愛人は日本語では妻以外の性的関係にある女性を意味しますが、朝鮮語では愛人애인 aein は恋人の意味でしか使われません。日本語の愛人の意味で使われるのは「情婦」「情夫」정부 cheongbu となります。

多情

　多情다정 tajeon は情が多いという意味では同じですが、日本語では浮気性の意味で使われることが多く、朝鮮語では「やさしい」「こころのこもった」という意味で使われます。다정한 인사 tajeonhan insa とは気持ちのこもった挨拶という意味で、小学校の標語にもなっています。

第4部　他にもあるおもしろい相違

多幸

　多幸とは幸せという意味ですが、多幸だ다행이다 tahaengida は「よかっ
た」という意味でよく使われます。子が無事に帰ってきた場合などに、心
配していた親に対して「よかったね」という使い方です。
　좋다 chohta「よい」、좋았다 chohassta「よかった」で、「よくできた」と
いう場合は잘 했다 char haessta となります。

操心

　操「あやつる」ということばは日本語では、ハンドルや舵など外部にあ
るものを操ることが多く、操心というと他人の心を操るかのように感じて
しまいます。朝鮮語での操心조심とは自分の心を操って油断なく慎重に事
態に対処することです。挨拶で「気をつけてお帰りください」は操心（조
심）히 돌아가세요 chosimhi toragaseyo が使われます。日本語の「用心」が
近い用法かと思います。
　中国語の辞書には「操心」があり、意味は「心配」「心をくだく」、そし
て「苦心」で朝鮮語の意味と少し異なりました。またその辞書には「用心」
もありましたが、意味は「意図」「下心」とあり、日本語の意味とはかな
り異なりました。
　また朝鮮語の辞書には、用件용건 yonggeon、用具용구 yonggu、用途용
도 yongdo、用量용량 yongryang、用務용무 yongmu、用法용법 yongbeop、用
便용변 yongbyeon、用兵용병 yongbyeong、用水용수 yongsu、用語용어
yongeo、用意용의 yongeui、用紙용지 yongji、用地용지 yongji、用品용품
yongpum が日本語と同じ意味で使われていますが、「用心」はありません
でした。「操心」조심も「用心」も朝鮮・日本でそれぞれ独自の発展を遂
げたようです。
　他に似た意味で、「注意」주의 chueui、「警戒」경계 kyeonggye も使われ

るのは日本語同様です。ただし、朝鮮語の「注意」주의 chueui は忠告や警告の意味が強いようです。

始作

　始作시작 sijak は「始め」「始まり」という名詞ですが、日本での「開始」と同様の使い方をします。「開始！」というと始めなさいという命令になりますが、朝鮮語でも始作시작 sijak というと始めなさいという命令になります。「用意！ドン！」が「準備！始作！」준비！시작！ chunbi sijak となります。「開始する」「始める」は始作（시작）하다 sijakhada で、「開始となる」「始まる」は始作（시작）되다 sijyaktoeda といいます。

付託

　付託부탁 putak は日本語でも使いますが、朝鮮語では잘 付託（부탁）합니다 char putakhamnida「よろしくお願いします」や、잘 付託（부탁）드립니다 char putakteurimnida で「よろしくお願い申しあげます」でお願いの定番となっています。「願う」という意味の固有語に바라다 parada がありますが、「頼む」「依頼する」というより「望む」「期待する」という意味で使われます。勿論「委託」위탁 uitak、「依託」의탁 euitak ということばもありますが、契約関係に限られます。

錯覚、誤解

　錯覚は日本語でも朝鮮語でも「誤って捉えられる感覚」のことですが、日本語では「見間違い」「勘違い」「思い違い」という固有語もよく使います。朝鮮語でも잘못 charmos「間違い」という固有語表現（「私が間違っていました」と謝る使い方）もありますが、「思い違い」という意味では、錯覚착각が日常的に使われます。「昨日、橋の所にいたのはあなたでしょ」

第 4 部　他にもあるおもしろい相違

えじ 다리 위에 있던 건 당신이잖아요 eoje tari uie issteon geon tangsinijanayo、「いいえ、錯覚よ」아니요, 착각입니다 aniyo **ch**akkakimnida と言います。錯覚と似たことばに「誤解」오해 ohae があります。これは、視覚や聴覚のような感覚でなく、思考による見解や判断が誤っている時に使います。日本語も朝鮮語も同様に使います。「あなたが犯人ね」당신이 범인이지 tangsini peominiji、「い い え、誤 解 で す よ」아 니 요, 오 해 입 니 다 aniyo ohaeimnida といいます。

人事

인사 insa「人事」は会社の人事（昇格や役職者の指名）や「人事（人間としてできること）を尽くして天命を待つ」として使われることは朝・日共通です。ただし、朝鮮語では、人間としてしなければならない大事なことは礼儀예의 yeeui であるということから、인사 insa「人事」は「礼儀」そして、その具体的表現である「あいさつ」として頻繁に使われています。日本語の挨拶の語源は禅問答の「一挨一拶」からきているというのが定説です。中国では挨拶は招呼 zhaohuo といいます。

安寧

次に安寧<ruby>安寧<rt>あんねい</rt></ruby>안녕 annyeong です。意味は同じです。ただ、日本では安寧よりも安楽や「やすらか」を使い、使用頻度の少ないことばです。ところが、朝鮮語では最も使用頻度の高いことばです。朝、昼、晩の出会いの挨拶が全て안녕하세요 annyeonghaseyo「安寧ですか」「安寧でいてね」です。別れの時に안녕히 가세요 annyeonhi kaseyo「安寧に行きなさい」が使われます。このとき、出かける人は残る人に対して안녕히 계세요 annyeonghi kyeseyo「安寧に居てください」と返します。就寝前が안녕히 주무세요 annyeonghi chumseyo「安寧にお眠りなさい」というわけです。

133

工夫

　日本語で「工夫する」というと何らかの改善や改良をすることですが、朝鮮語では工夫（공부）하다 kongbuhada は勉強するという意味で使われます。勉強を受身ではなくいろいろ工夫しながらやるのが本来の姿でしょう。日本語の「まなぶ」は「まねぶ」からきているともいわれ模倣から始まります。商売人が「勉強します」というと値段をぎりぎりまで安くする工夫をするということです。この場合は工夫（공부）하다 kongbuhada に近いと思います。

　学習학습 hakseup や習得습득 seupteuk という漢熟語や배우다 paeuda「習う」「覚える」「学ぶ」「教わる」という意味の固有語もあります。배우다 paeuda「習う」と関連していると思えることばに、배 pae「腹」「船」「梨」と배다 paeda「孕む」「しみこむ」「身に付く」があります。意味上、「はら」→「はらむ」、「身に付く」→「習う」にも繋がりがありそうです。배 pae →배다 paeda、そして「はら」→「孕む」と一致しています。

苦生

　「苦生」고생 kosaeng という熟語は日本では使われないことばですが、朝鮮語では日本語の「苦労」という意味です。苦生（고생）하셨습니다 kosaenghasyeossseumnida「御苦労さまです」とよく使います。また、格言として苦生（고생）끝에 楽（낙）이 온다 kosaengkkeute nagi onda「苦労の後に楽がくる」ということになります。

未安、罪悚、謝過

　また、朝鮮語の未安は미안 mian、日本語と同じ発音ですが、미안합니다 mianhamnida というと「ごめんなさい」となります。わたしの心は申し

訳なく「安らかでありません」と謝っているのでしょう。

　より強い謝罪で使われるのは罪悚（つみをおそれる）という意味の罪悚（죄송）하다 choesonghada「恐縮です」です。日本語と同じ「謝罪する」謝罪（사죄）하다 sajoehada、「陳謝する」陳謝（진사）하다 chinsahada「深謝する」深謝（심사）하다 simsahada もありますが、謝過（사과）하다 sagwahada が過ちを謝るとしてよく使われます。余談ですが、사과 sagwa というと謝過사과 sagwa より沙果사과 sagwa（りんご）を思い浮かべるのが一般的なようです。韓ドラで謝罪の意味でりんごを送ってきたというギャグが使われていました。また、謝る時は敬語で言うことが多いので、미안해요 mianhaeyo「ごめんなさい」、죄송합니다 choesonghamnida「恐縮です」、사과드리겠습니다 sagwateurikessseumnida「お詫び申し上げます」といった順に丁寧な言い方になります。

　古代朝鮮の時代劇で悚懼（송구）합니다 songguhamnida ということばが頻繁に使われます。「恐縮いたします」という意味で、王様から、ほめられた場合にも、叱られた場合にも、そして、失敗して「申し訳ございません」という時にも使っています。

徳分、徳澤

　徳の高い人達の恩恵を受けて、物事がうまく進んだ時、日本語では「おかげ様で」ということばを使います。影というと通常は日差しが遮られて光が届かない所、暗い所というイメージですが、「水もに映る月の影」というと「水面に反射して見える月の映像」を意味します。「面影」というと「頭の中で思い浮かべる映像」や「影響して類似している所」を意味します。「おかげ様で」とはある人の行為が影響を及ぼし合った結果生じたということをいっているのでしょう。また別の観点からの解釈もできます。日差しとは良い面だけでなく「強い攻撃」という意味もあります。それを避けえる影を作っていただいた感謝の意思表示だというものです。いずれにしても、日本語独特の発想に基づく表現です。

135

朝鮮語では「德澤で」덕택으로 teoktaegeuro や「德分で」덕분에
teokbune が「おかげ様で」という意味で使われます。德澤、德分は中国語
では使いません。

世上

　世上（세상）sesang「世の中」は日本でもまれに使いますが、「せじょう」
というと世情のほうが使われるからか、日本では「世間」「世の中」が一
般に使われます。朝鮮語では世上（세상）sesang が圧倒的に使われます。
　また、事故を起こした客船歳月号の세월 sewor 歳月も世の中の時の流れ
ということで、世間という意味で使われます。

果然、亦是

　日本語の「はたして」ということばは果の訓として「果たして」とも書
かれます。結果としてという意味ですが、「果たして」には「期待される
結果があるけれどもそのとおりになるだろうか」といった意味合いが含ま
れています。朝鮮語でも、この果を使った熟語が果然과연 kwayeon です。
これは「はたして」という意味や、「さすが」「やはり」「なるほど」とい
う意味で使われます。
　また「亦是」は日本語では使いませんが、意味は「同様に」とか「やは
り」「思ったとおり」です。読み方は역시 yeoksi で、朝鮮語では果然과연
kwayeon 以上によく使われることばです。

或是

　亦是のように是を使ったことばに「或是」があります。意味は「あるい
は」「もしかすると」「ひょっとして」です。発音は혹시 hoksi で、よく使
われます。

同じ意味で「万一」만일 manir も使われますが、これは朝・日共通です。

気分と気持ち

　日本語では、どちらも感情ですが、「うれしい」「悲しい」「快適だ」「不快だ」「憂鬱だ」は気分で、「好き」「愛している」「嫌いだ」は気持ちとして使い分けをしています。朝鮮語では、感情감정 kamjeong は感情的、感情に流されるなどよく使われますが、気持ちに対応する固有語はなく、気分기분が「気持ち」の部分も含めて使われます。気分（기분）이 좋다 kibuni chohta「気分がいい」という使い方と、내 기분（기분）이 어떤지 알 수 없을 게다 nae kibuni otteonji arsu eopseur keda「私の気持ちがどうなっているか知ることはできないだろう」「私の気持ちはわかるまい」という使い方もします。

　日本語の気分と朝鮮語の기분の決定的な違いは身体的症状に使えるかどうかもあります、たとえば、「車酔いで気分が悪い」には朝鮮語の기분を使えません。속이 좋지 않다 sogi chohji anda といいます。朝鮮語の気分はあくまで感情です。

憫

　憫（ビン）は「かわいそう」という意味ですが、なぜか否定の不がついても不憫で「かわいそう」のままです。その説明としてあるのが、不便→不憫説です。不便の便は「見る」という意味で、不便の意味は「見れない」「見るに堪えない」という意味から「かわいそう」になった。そして、不便（フビン）が「便」の代わりに「かわいそう」の意味を持っている「憫」が当てられたというものです。たしかに「憫」以外にも「愍」「あわれ」「いたましい」も使われ、フビンは不愍とも書きます。

　ところが朝鮮語でも不憫불민 purmin「かわいそう」ということばがあります。固有語の불쌍하다 purssanghada「かわいそうだ」が一般的ですが。

137

そうすると「不憫」は日本発祥ではないようです。そして、朝鮮語では不便불편 purpyeon は「便利がわるい」「具合がわるい」「窮屈」以外の意味がありません。やはり不便→不憫説は根拠が弱いようです。

　朝鮮語には他に固有語で딱하다 ttakhada「気の毒」、가엾다 kayeopsta「哀れ」「気の毒」もあります。この 2 つは微妙な意味合いが違うようで、가엾다 kayeopsta「哀れ」は、딱하다 ttakhada「気の毒」と불쌍하다 purssanghada「かわいそうだ」の両方の意を包括していると辞書にありました。

　中国語には憫 min はありますが、不憫も不便もありません。「かわいそう」は可怜（憐）kelian となっています。日本語でも憐は「憐憫」「憐れむ」と使いますし、可憐（カレン）は本来「かわいそう」という意味だったのが、日本で「かわいい」「かわいらしい」に変化したとされています。しかし、朝鮮語にも可憐（가련）하다 karyeonhada があり、「かわいそうだ」という意味で使われるとともに清純可憐청순가련と使われることがあり、「かわいい」としても使われています。可憐は中国から朝鮮に伝わった後に「かわいい」という意味を持ち、日本に移ってからはもっぱら「かわいい」として使われるようになったと思います。

憫惘

　朝鮮語では「憫」を使った「憫惘」ということばがあります。憫惘（민망）하다 minmanghada「しのびない」「心苦しい」「気まり悪い」として使われます。本来の「気の毒」から「しのびない」は直接的な関連性を推測できますが、「気まり悪い」となるとかなり変化しています。今は主に「気まり悪い」として使われています。他にも쑥스럽다 ssukseureopta「照れくさい」「気まり悪い」、멋쩍다 meosccheokta「ぎこちない」「照れくさい」「気まり悪い」、서먹서먹하다 seomeoksseomeokhada「気まずい」「照れくさい」や、거북하다 keobukhada「堅苦しい」「気まずい」や열없다 yeoreopsta「きまりが悪い」「恥ずかしい」や부끄럽다 pukkeureopta「恥ずかしい」といろんな表現があります。

第 4 部　他にもあるおもしろい相違

猖披

　日本語には見られませんが、猖披창피 changpi というのは恥という意味
です。恥辱치욕 chiyok ということばや羞恥수치 suchi ということばもあり
ますが、「恥をかく（かかされる）」という時は猖披（창피）를 当（당）하
다 changpireur tanghada が定番です。ほめられて「恥ずかしい」という場合
は、쑥스럽다 ssukseureopta「照れくさい」「気まり悪い」や멋쩍다
meoscheokta「ぎこちない」「照れくさい」「気まり悪い」が使われます。はず
かしがりで内気だという場合は수줍다 sujupta が使われます。

一杯、一瓶

　お酒を一杯、二杯と数えるのは中・朝・日共通です。「一杯やるか」一
杯（한잔）할까? hanjan harkka?、「酒一杯ください」술 一杯（한잔）주세
요 sur hanjan chuseyo、「一杯召し上がれ」一杯（한잔）드세요 hanjan teuseyo
です。
　日本ではウィスキーのボトルの場合は「ワンボトル」「1 瓶」「1 本」と
もに使いますが、瓶ビール（麦酒）の場合は「1 本」が一般的です。朝鮮
語では瓶麦酒（맥주）maekju は一瓶（한 병）han byeong が一般的です。

一回、一度、一番

　「1 回の表、3 番打者が一度に走者を帰す長打を放った」に回、度、番が
使われています。日本語で番は順番の意味で使われることが多く、回数を
意味することばとして現代日本語では「回」が一般的です。しかし、古い
表現では「一度限り」「日に三度の食事」「お百度まいり」「三度四度」と
いうことが多く、また、将棋や囲碁の勝負では「5 番勝負」という形で「番」
を使います。このように古くは「度」「番」が一般的でした。

139

回を使う表現では「三回忌」ぐらいです。まわってくるという意味合いで「三周年」と類似の表現です。回るという意味で思いついたのが、英語の round ラウンドということばで、ボクシングなどでは 15 ラウンドの試合が組まれたりします。ひょっとしたら、この round の訳語として回ということばが使われだして、汎用されるようになったのかもしれません。

朝鮮語では回数をあらわすことばとして番번 peon が一般的です。「韓国へ何回行きましたか?」한국에 몇번（번）갔어요？ hanguge myeochbon kasseoyo?、「一回だけ行きました」한번（번）만 갔어요 hanbeonman kasseoyo となります。時代を遡れば、日本語の「番」と朝鮮語の「番」には共通する所があります。

固有数詞と漢数詞

日本語には壱、弐、参、四という漢数詞とひとつ、ふたつ、みっつ、よっつという固有数詞がありますが、朝鮮語にも漢数詞として壱일 ir、弐이 i、参삼 sam、四사 sa、五오 o、六육 yuk、七칠 chir、八팔 par、九구 ku、十십 sip……があります。そして、固有数詞として하나 hana、둘 tur、셋 ses、넷 nes、다섯 taseos、여섯 yeoseos、일곱 irgop、여덟 yeodeorp、아홉 ahop、열 yeor……があります。

現代日本語では万国共通の数字 1、2、3、4、5……で表記しますが、その読みは、いち、に、さんの漢数詞です。固有数詞を使う機会は少なくなりました。

朝鮮語では、固有数詞と漢数詞の使い分けが徹底して明確にされています。

回数の場合、先に説明した固有数詞＋番번が頻繁に使われ、順番の場合は漢数字＋番번が頻繁に使われます。順番か回数かは「漢数詞」か「固有数詞」かによって決まります。

また、他の例としては時刻の表示があります。3 時という場合、朝鮮語では固有数詞を使います。ただし、分は漢数詞を使います。午後 3 時 40 分は오후（午後）세（みっつ）시（時）사십（40）분（分）ohu sesi sasippun

といいます。日本でも江戸時代以前は「むつ」「ふたつ」などと固有数詞で時刻を呼んでいました。

次例

次例차례 charye は「順番」という意味で、次例차례가 돌아오다 charyega toraoda「順番が回ってくる」と使います。ところが차례 charye は、助数詞として세 차례 se charye 3 回（度）と使われることがあるのです。なんと「順番」が回数（度）の助数詞として使われるという不思議な現象が起こっています。それでも、番번と同様に回数を表す時の固有数詞が使われています。

心配

心配とは憂い、悩み事という意味ですが、漢字の本来の意味からはこころをくばる「心配り」配慮というのが本来の意味ではないでしょうか？中国語にも朝鮮語にも、「心」を使った心境 xinjing 심경 simgyeong、心中 xinchong 심중 simjung、心情 xinqing 심정 simjeong や「配」を使った配合 peihe 배합 paehap、配色 peise 배색 paesaek などたくさんの熟語はありますが、「心配」はありません。日本語では「心配り」という固有語から心配という熟語ができ、心を配るのは気に病むことや気にかかることがあるからで、つまりそれらが心配事と表現されるようになったのではないでしょうか？

朝鮮語では心配は漢字語を使わず固有語の걱정 keokcheong を使います。他に근심 keunsim という固有語もありますが、걱정 keokcheong が圧倒的に高頻度です。「心配しないで」걱정하지 마 keokcheonghaji ma といったり、「心配ないよ」걱정 없어요 keokcheong eopseoyo と言ったりします。日本語の「大丈夫」という言い方です。

また걱정 keokcheong には「小言」という意味があります。걱정 듣다

keokcheong teutta「小言をくらう」と使います。小言をいうのはあれこれと心配りして悪い結果にならないように諭しているわけですから、相手のことを慮ったり、小言を言ったりする行為から、心の中の不安や憂いを表現するようになっています。このことは朝・日共通していますね。

本当

「本当」という日本語は、現在では「まこと」や「真実」よりもよく使いますが、朝鮮語や中国語の辞書には「本当」は出てきません。本家benjia 본가 ponga、本来 benlai 본래 ponrae、本能 benneng 본능 ponneung、本位 benyi 본위 ponui、本人 benren 본인 ponin、など多くの熟語は朝鮮語や中国語の辞書にも出てきます。どうも「本当」ということばは日本語独特なようです。「ほんと」というのは「本当」の省略形ではなく、「ほんに」「ほんま」とともに固有語なのかもしれません。「ほんと」から「本当」という漢字があてられたのかもしれません。

「まこと」とは誠の訓ですが、真「ま」＋事「こと」からできたとも考えられます。朝鮮語でも정말 cheongmar ということばがあります。漢字の正の音정 cheong に말 mar「ことば」という固有語を付けて「正ことば」で、本当ということになります。とても頻回に使われることばです。さらに、真実진실 chinsir や真正진정 chinjeong が「本当」の意味として使われます。

生覚

覚각 kak おぼえるは、日本語でも朝鮮語でも知覚や自覚、錯覚、感覚など「刺激に対する反応」の意味合いですが、朝鮮語には生覚생각 saenggak ということばがあって、「意見」や「考え」の意味で使われます。

「生覚」は中国語の辞書や日本語の辞書にはないことばです。実は、생각하다 saengakhada は固有の朝鮮語で、後から似た音の「生覚」を当てはめたそうです。日本語の「心配」「本当」のような固有語を漢字表記した

第4部　他にもあるおもしろい相違

事例が朝鮮語でもありました。

「私もそのように考えます」は나도 그렇게 생각합니다 nado keureohke saenggak hamnida で、よく使われる表現です。

大丈夫

　大丈夫とは本来、「1丈（長さの単位で約1.7m）を超える体格の立派な男」ということで、朝鮮語では대장부 taejangbu と発音します。日本では「体が頑強なので怪我や病気をしないから、心配いらない」という意味から発展して、「心配ない」という意味で「大丈夫よ」と使ったり、「丈夫な机」など構造がしっかりした物に使ったりします。中国語や朝鮮語では「立派な男」という意味だけです。韓国のお酒に「大丈夫」というのがあります。これも「立派な男」という意味です。

　日本語の「大丈夫」に相当する朝鮮語は、先に紹介した「心配ない」걱정 없어요 keokcheong eopseoyo や、「問題ない」문제 없어요 munje eopseoyo や、「大丈夫」「結構」を意味する괜찮아요 kwaenchanayo が使われます。괜찮아요? kwaenchanayo?「大丈夫？」괜찮아요 kwaenchanayo「大丈夫よ」が定番です。

結構

　結構というのは、中国語の本来の意味は「住居を構えること」で、日本語では、構えるだけに「立派な住居」という意味から、「結構なお手前で」というように「優れている」という意味に、そして、「もう結構です」というように「十分」という意味になり、「いらない」という意味で使われています。

　このような意味で使われる朝鮮語として괜찮아요 kaenchanayo を紹介しましたが、さらに「いらない」を明確に意思表示することばとして、되다 toeda「なる」の過去形の됐다「成りました」→「十分です」「結構です」

143

という意味で、됐어요 taesseoyo がもっぱら使われています。その他に「必要ないです」必要（필요）없어요 piryo eopseoyo もあります。

素麺

　素麺は、日本では三輪、島原、小豆島などの産地で手延べといわれるように、小麦に油を練りこんで、細く延ばして乾燥させたものです。食べるときはゆでたものをそのまま「つゆ」でいただくか、錦糸卵、きゅうりの千切り、シイタケ、ハムなどを載せていただきます。現在スーパーなどで市販の汁はカツオと昆布のだしですが、私が子供の頃は、母が海老と椎茸でだしをとったものでした。
　朝鮮語の素麺소면 somyeon は、麺全般국수 kuksu の内、「肉の入っていない麺類」とか「양념장 yangnyeomjang（薬味味噌）を加えていない麺類」という意味になります。結果的に日本の素麺とそっくりなものもありますが、広い意味で使われています。

21　漢字や外来語から変化したことば

　外国から日本に持ち込まれたものが、日本に無い物や新しい概念である場合、外国のことばをそのまま取り入れて使うというのが大原則です。近年の外来語、江戸から明治にかけてのオランダ語、戦国時代のポルトガル来航、遣唐使、遣隋使、それ以前の時代も例外ではありません。そして、時代が古いほど、その後の時間的経過の中で、日本語的な変化が加味される場合があります。

第 4 部　他にもあるおもしろい相違

日本にいなかった動物

　3 世紀の時代の日本のことが書かれている「三国志魏書東夷伝」では馬韓・弁韓・辰韓に馬がいると書いてありますが、倭には「牛馬虎豹羊鵲はいない」とのことです。その後 4 世紀末から 5 世紀にかけて古墳に馬の埴輪や馬具が埋葬されるようになり、馬の骨もたくさん出土します。それ以前の馬の骨だと考えられていた骨は、分析方法が進歩して馬ではないと判っています。日本列島には 4 世紀末から 5 世紀にかけて馬がきたと考えてよいでしょう。

うま

　馬は 3 世紀以前に朝鮮半島に、日本列島には 5 世紀までに伝わったようです。馬そのものと漢字名とが持ち込まれたわけです。馬の漢字の音は中国語で ma、朝鮮語でも「마」ma で、日本語の馬の音は「マ」と「バ」がありますが、「マ」が漢音で現在の中国語、朝鮮語と一致しています。「バ」は呉音で古く、三国志の劉備玄徳の将軍馬超（バチョウ）などは「バ」と発音しています。
　朝鮮語では馬を意味する固有語は말ですが、日本語も「うま」という固有語がありますが、どちらも馬の音「マ」から派生したことばのように思います。
　さらに馬には駒ということばもありますが、これは神社の狛犬のように高麗からやってきたという意味からできたことばでしょう。

うし

　3 世紀にいなかった牛「うし」はどうでしょう。この牛の現代中国語の音は niu で、日本語の音は gyuu ですが、朝鮮語の音は우 u です。すでに

145

お話した清音化によって gi が消えるわけです。朝鮮語には牛の固有語の소 so があります。日本では「べこ」ということばもありますが、これは方言です。「うし」ということばは、牛の朝鮮固有語の소 so から変化したというより、漢字の音のギュウ⇒ウ⇒うしと変化したと考えたほうが妥当でしょう。

とら

　虎は日本では生息していませんが、古くから皮が持ち込まれたり、絵画の題材となったり、加藤清正の虎退治の話などがあります。日本語の音は「コ」ですが、中国語では虎 hu です。虎は狼とセットで虎狼之心（残酷な心の意）などと使われます。朝鮮語では虎狼호랑 horang が、（狼が抜けて）虎だけを意味します。これに이を付けて호랑이 horangi が「虎」として一般に使われます。また、朝鮮語には虎の固有語の범 peom があります。朝鮮半島には昔から虎が生息していたので固有語があるのでしょう。

　日本語では虎は音が「コ」で訓が「とら」ですが、とらの語源は朝鮮語の虎狼호랑 horang との説があります。「獲物を"捕える"から『とら』」という説よりずっと説得力があります。虎狼호랑 horang は朝鮮語というよりは、正確には中国語が語源でしょう。

ひょう

　豹は日本の古代の発音は p (f) you ですが、中国語で豹 bao、朝鮮語で豹표 pyo です。中国語も古代は pyo で、3 国は一致していたと思われます。そして、3 国とも豹は生息していません。そして日本語も朝鮮語も固有語を持っていません。

ひつじ、やぎ

　羊（ヨウ　ひつじ）は中国語で羊 yang、朝鮮語で羊양 yang です。古来、羊は中国から中央アジア、ヨーロッパに広く生息し、家畜として重用されてきましたが、日本では近年まで飼育に成功しませんでした。江戸末期に飼育を試みた人がいましたが、高温多湿の気候に合わず失敗しています。明治以後、ようやく北海道を中心に飼育に成功しました。日本書紀に、推古の時代（599 年）に、百済からの朝貢物として駱駝、驢馬各 1 頭、白雉 1 羽、そして羊 2 頭が贈られたという記載があり、その後も何度か珍しい動物として贈られてきています。

　朝鮮半島でも羊は家畜として普及しませんでした。犬や豚、牛は食べますが、最近まで羊肉は食べない習慣がありました。そして、羊の朝鮮語の固有語はありません。

　ひつじの仲間で山羊（ヤギ）がいますが、ひつじより環境に適応しやすく、ひつじより早く日本の広い地域で飼育されています。このヤギの名前の方が羊양 yang から生まれたようです。yang → yangi → yagi です。

　ではなぜ日本には「ひつじ」という固有語ができたのでしょう。これは、中国で十二支に動物を充てる「十二生肖」というのを考え出し、子、丑、寅……に鼠、牛、虎……を充て、未に羊と充てたことに始まります。この十二支は時刻や方角を表すのにも使われ、未は現代の「午後 2 時」と「南南西」を意味していました。未は日が傾くという意味で「日昳（ニッテツ）」とも言われました。これを日が沈んでいく道筋から「日辻」としたことから、それが羊の名前となったとの説があります。「日辻」は名字に使われていてそれなりの説得力はありますが、文献上での使用を確認することはできません。

かささぎ

　鵲は日本名「カササギ」といい、カラスの仲間で世界中に広く生息している鳥とされています。日本では北九州で生息していますが、昔はいなかったようです。今も朝鮮半島からの渡り鳥の中に「カササギ」が紛れていることから、一部が留鳥として生息するようになったと考えられています。カササギは現代中国語で喜鵲 xique といいます。朝鮮語では까치kkachi といいます。日本語のカササギの別名にカチカラスがあります。この까치 kkachi から「カチカラス」「カササギ」が生まれたのでしょう。

外来植物

　鳳仙花は中国語でも鳳仙花（fengxianhua）、朝鮮語でも鳳仙花봉선화ponseonhwa です。芍薬は中国語でも芍葯（shaoyao）、朝鮮語でも芍薬작약chakyak です。牡丹は中国語でも牡丹（mudan）、朝鮮語でも牡丹모란 moranです。水仙は中国語でも水仙（shuixian）、朝鮮語でも水仙수선 suseon です。菖蒲は中国語でも菖蒲（changpun）、朝鮮語でも菖蒲창포 changpo です。菊は中国語では菊（ju）、朝鮮語では菊국 kuk です。これらは中・朝・日で同じように漢字の音だけを使い、朝・日での固有語はありません。すなわち、中国原産の植物が比較的新しい時代に漢字名とともに朝鮮半島・日本列島にもたらされ、漢字名そのままで受け入れられたということです。

うめ、こめ、めし

　梅は遣唐使が薬効のある植物として持ち帰ったとされています。「バイ」と「うめ」、「うめ」は固有語のように見えますがどうでしょう。梅の日本語の音は「バイ」ですが、梅のつくりの毎の音は「マイ」ですし、馬に「バ」と「マ」の2種類の音があることからも、梅の音にも「マイ」という音も

あったと思います。マイは朝鮮語のようにメに変化することになります。実際、朝鮮語では梅の漢字の音は매 mae で、固有語はありません。この매 mae から「め」→「うめ」が生れたと思われます。そう考えると、「こめ」も米の音「マイ」から「メ」→「こめ」となった可能性もあります。こめを炊いた「めし」も「め」から派生したとすると、米に関係する日本語の固有語は「いね」だけということになります。

さざんか

山茶花（サザンカ）は中国語では山茶花（shanchahur）で、朝鮮語でも山茶花（산다화）sandahwa です。中・朝・日3国とも同じ漢字で、中国語のシャンチャファの「ン」と「チャ」が日本で逆転して、シャチャンファとなり、サザンカとなったとされています。この前後の逆転が、ことばの変化過程で見られます。

つばき

サザンカは12月ごろに咲きますが、その仲間の椿（つばき）は4月ごろに咲きます。伊豆大島のつばきは有名ですが、あったかい地方で咲く花です。大陸の北方民族が建国した隋や唐ではつばきが無くて、遣隋使や遣唐使はつばき油を貢物にしたそうです。日本語ではつばきに「椿」をあてますが、「春をよぶ木から創られた国字」との説や「『荘子』の中の、大木を意味する『大椿』から取られた」との説があります。ただ、元々つばきに該当する中国語がなかったから作らざるを得なかったということは確実です。現在でも、中国語にはつばきを意味する漢字が無く、山茶花（shanchahur）がサザンカやつばきを意味しています。

朝鮮語ではつばきは冬柏という漢字をあてて、その音で동백 tongbaek と言いました。そして、つばき tubaki と동백 tongbaek の間には tbk の3つの子音が一致しています。このことは、「元々朝鮮半島にはつばきは自生し

ていなかった。そこへ日本からつばきが伝わった。その時代はまだハング
ル文字が作られておらず、漢字の音で『つばき』を表現するために冬柏と
いう漢字をあてた」ということを想像させます。

むくげ

むくげの木は中国原産で朝鮮半島を経て日本にやってきたとされていま
す。中国語では木槿 mokkin といいます。モッキンが伝わった時にその音
から、朝鮮で무궁화 mugunghwa、日本で「むくげ」が生まれたと考えら
れます。무궁화 mugunghwa と「むくげ」は発音が似ています。そして、
朝鮮では最高の花と称えられ、無窮花という漢字名が与えられるように
なったと考えます。

かぼちゃ、てんぷら、カステラ、カバン

かぼちゃは戦国時代に伝来しています。カンボジア由来で、カンボジア
瓜からカボチャになったといわれています。他に南瓜という言い方があり
ます。朝鮮語では호박 hobak で、一致するのは b だけで、日本語との関連
は分かりません。

てんぷらはポルトガル語の tempero「調理」から派生した外来語とされ
ています。朝鮮語ではそのような経緯は無く、튀기다 tuigida「油で揚げる」
という動詞の語幹に名詞化語尾ㅁをつけた튀김 tuigim 揚げ物が使われる
だけです。

金平糖は朝鮮語では星砂糖별사탕 pyeorsatang といいます。形状的には
金平糖より星砂糖の方が合っていると言えそうです。

ポルトガル語からきたとされるカステラは朝鮮語でも카스텔라
kaseuterra で朝・日で一致しています。また、ポルトガル語の kabas からと
の説がある鞄（カバン）は朝鮮語でも가방 kabang で一致しています。

150

第 4 部　他にもあるおもしろい相違

ジャガイモとサツマイモ

　サツマイモとジャガイモは中米と南米が原産地です。世界中に広がるの
は、コロンブスのアメリカ大陸発見以降です。サツマイモが朝鮮半島に伝
わるのは 1763 年の朝鮮通信使が対馬で食べたサツマイモがおいしかった
ので、種イモを持って帰ったとの記録があります。甘藷という漢字表記と
ともに普及しています。そして、甘藷감저 kamjeo という名前のほかに고
구마 koguma という固有語も生まれています。現在朝鮮語では고구마
koguma が圧倒的に使われています。

　ジャガイモは、日本には安土桃山時代から江戸時代の初期にかけてフィ
リピンやジャワ（ジャカルタ）から伝来し、栽培されるようになります。
ジャガイモの由来はジャカルタイモからきていると考えられます。ジャガ
イモが朝鮮半島に伝わったのは、中国からで 1824 年のこととされていま
す。朝鮮語では감자 kamja といいます。中国語でジャガイモは馬鈴薯
malingshu や洋芋 yangyu ですので、この감자 kamja という名は中国語由来
ではありません。地方によっては감저 kamjeo という地方もあるとのこと
です。先に伝わっていたさつまいもの甘藷감저 kamjeo が、ジャガイモに
ついたのだと思います。

唐辛子

　唐辛子はナス科の植物で、唐の字がついているので、中国原産のように
見えますが、原産はこれも中南米です。コロンブスがアメリカ大陸を発見
したときに「インド」だと思い込んでいたことは有名な話ですが、「胡椒」
という香辛料を求めてインドへと向かった彼はアメリカ大陸で「唐辛子」
に出会い、これを「胡椒」と思いこんで持ち帰ったそうです。ヨーロッパ
では「胡椒」の一種と考えられて「胡椒」を意味する pepper が唐辛子を
意味します。日本では 1552 年にポルトガル宣教師が大友宗麟に献上した

151

という記載があります。その後、朝鮮半島に伝わり、また日本に逆輸入されたりしています。

　朝鮮語ではユ쥬 kochu といいます。調味料のユ쥬쟝 kochujang は大豆麹にモチ粉や粥（または水あめ）と赤唐辛子の粉ユ쥬가루 kochukaru を入れて発酵させたものです。

　日本では赤唐辛子の粉ユ쥬가루 kochukaru は一味や七味など薬味として少し振りかける程度の使い方ですが、朝鮮半島でも宮廷料理には使われず、19世紀以後に辛いキムチやチゲのように大量に使われるようになります。

胡椒

　胡椒は原産国がインドで中国に伝わり、「胡椒」hujiao と命名されます。その後日本に伝わり「胡椒」を引き継ぎます。7世紀ごろから香辛料として重宝され、長らく輸入されていましたが、11世紀ごろには日本でも栽培されたようです。朝鮮語では胡椒후쥬 huchu といいます。

外国語の翻訳語としての新造語

　江戸末から明治にかけてヨーロッパ文明が入ってきます。外国語がそのままの発音でカタカナ表記されることがありますが、自然科学（生物学、医学、化学、物理学、天文学）や社会科学（哲学、政治学、社会学）の関係で英語やドイツ語に対応した沢山の新造語（漢字語）が作られます。珈琲、細胞、分裂、再生、栄養、成分、臓器、小腸、胆嚢、精製、分子、原子、電子、干渉、惑星、恒星、弁証、止揚、民主主義、文化、文明など枚挙にいとまがありません。この時に作られたことばは日本だけでなく、朝鮮語にも中国語にも多数取り入れられました。これら多くの漢熟語が共有されています。

植民地時代

　1910 年から 1945 年まで 35 年間にわたって、朝鮮半島は日本の植民地にされます。この間に、地主は土地を没収されたり、先物買い投機で没落させられたりしながら、人民支配の強化の中で、だましたり、強制的に連行したりして、低賃金労働者としてこき使われたり、日本軍慰安婦として性的奴隷とされました。文化、生活面でも、朝鮮語を話すのを禁止され、日本語を強要され、名前まで日本式に改め（創氏改名）させられています。
　1945 年解放の時点で、朝鮮語の存立は危機的な状況であったということです。そこで、解放後は日本語の禁止、日本の歌等の文化も禁止されます。自らの民族性を取り戻すために、当然のことと思えます。
　ある学校の先生が「くるま」（구루마）ということばを使って、それは日本語だということで糾弾された事件があったそうです。高名な学者がそれは朝鮮語であると説明して、処罰を免れたということです。
　その後ようやく 2000 年には韓国で日本のアニメや歌が解禁となります。そのような状況下でも、生活にしみ込んだことばというのはなかなか消えないもので、「割りばし」「さら」「とんかつ」「すし」「さしみ」「うどん」「かたくり」は現在も共通したことばです。

ちゃりんこ、のっぽ、おいど、めんたいこ、ちょんがー

　朝鮮語で自転車자전거 chajeongeo から「ちゃりんこ」、高い높다 nopta から「のっぽ」、尻엉덩이 eongdeongi から odoi → oido「おいど」、たらの卵の塩付け명란젓 myeonranjeos（たら＝明太명태の子）から「めんたいこ」が生まれた可能性があります。独身男性の事を朝鮮語では総角총각 chonggak といいますが、そこから「ちょんが」が作られています。これらは新しいことばで、近代以後の発生と思われます。

22 格言と俗談

　格言というと格調の高い名言ということで、深い意味合いを短いことばで表現したり、言いたいことを強く相手に印象付けたりすることができるので、会話や文章の中で多用されます。このことは、名言集（「ローマは1日にしてならず」「すべての道はローマに通ず」など）のように世界中の言語に共通しています。その中で、中国語、朝鮮語、日本語には中国発祥の共通した格言があります。四文字熟語はすでに紹介しましたが、それ以外では、例えば「泰山鳴動鼠一匹」があります。日本語では鼠のところだけ「ねずみ」と訓で読みます。朝鮮語では、すべて音読みで태산명동서일필 taesanmyeondongseoirpir といいます。また「百聞不余一見」、日本語では「百聞は一見にしかず」と読み下しますが、朝鮮語では日本語の「が」にあたる이が入るだけで、他はすべて音読みです。백문이불여일견 paekmunipuryeoirgyeon といいます。さらに中国発以外に、朝鮮語と日本語で似ているもの、それぞれ独自のものが沢山あります。

　朝鮮語では日本の「格言」にあたるものを「俗談」속담 soktam といいます。低俗なものという意味合いが籠っています。しかしその分、批判的精神が旺盛で面白いものが多いと思います。

よく似ているもの

　まず、朝鮮語と日本語で似ているものから紹介しましょう。물에 빠지면 지푸라기라도 잡는다 mure ppajimyeon chipuragirado chapneunda 水に溺れたら藁をも掴む。가려운 데를 긁어주듯 karyeoun tereur keurgeochudeus 痒いところを掻いてもらうように＝痒いところに手が届く。무소식이 희소식 musosigi heuisosik 無消息が喜消息＝便りが無いのが良い便り。쇠뿔 잡다가 소 죽인다 soeppur chaptaga so chuginda 角をためて牛を殺す。쇠꼬리보다 닭

154

第4部　他にもあるおもしろい相違

대가리가 낫다 soekkoriboda tarktaegariga natta 牛尾よりは鶏頭がよい。티끌 모아 태산 tikkeur moa taesan 塵も積もれば泰山。원숭이도 나무에서 떨어진다 weonsungido namueseo tteoreojinda 猿も木から落ちる。개구리 낯짝에 물붓기 kaeguri nacchakke murbusgi 蛙の面に水。강 건너 불구경 kang geonneo purgugyeong 対岸の火事を見るようだ。놓친 고기가 더 크다 nohchin kogiga teo keuda 取り落とした魚がさらに大きい。돌다리도 두들겨보고 건너라 tordarido tudeurkyeobogo keonneora 石橋もたたいてみて渡れ。구르는 돌에 이끼가 안 낀다 kureuneun tore ikkiga an kkinda 転がる石に苔つかず。피는 물보다 진하다 pineun murboda chinhada 血は水よりも濃い。나는 새도 떨어 뜨린다 naneun saedo tteoreo tteurinda 飛ぶ鳥も落とす。산 넘어 산이다 san neomeo sanida 山また山だ。은혜를 원수로 갚는다 eunhyeureur weonsuro kapneunda 恩恵を怨讐で返す。벼는 익을수록 고개를 숙인다 pyeoneun igeursurok kogaereur suginda 実る稲穂であるほどさらに頭を垂れる。아니 땐 굴뚝에 연기 날까 ani ttaen kurttuge yeongi narkka 火の無い煙突に煙が立つか。궁하면 통한다 kunghamyeon tonghanda 窮すれば通ずる。궁쥐에 빠진 쥐가 고양이를 문다 kungjuie ppajin chuiga koyangireur munda 窮鼠猫を噛む。모래 위에 쌓은 성 morae uie ssaheunseong 砂の上に建てた城。만나자 이별 mannaja ibyeor 会ったら別れ。마른 나무에 꽃이 피랴 mareun namue kkochipirya? 涸れた木に花が咲くや？

ちょっと違うもの

少し変化しているのが、먼 사촌보다 가까운 이웃이 낫다 meon sachonboda kakkaun iusi natta 遠い従兄より近くの隣人がよい。日本では「遠くの親戚より近くの友」です。호랑이굴에 들어가야 호랑이를 잡는다 horangigure teureogaya horangireur chapneunda 虎穴に入ってこそ虎を捕まえるんだ「虎穴に入らずんば虎児を得ず」です。남의 말도 석달 namue mardo seoktar　人の噂も3か月。日本では75日です。

하나를 보면 열을 안다 hanareur pomyeon yeoreur anda　1を見て10を知

る。日本では「聞いて」です。기르던 개에게 다리를 물렸다 kireudeon kaeege tarireur murryeossta 飼い犬に足を噛まれる。日本では「手」です。짖는 개는 물지 않는다 chinneun kaeneun murji anneunda 吠える犬は噛まない。「犬の遠吠え」でしょうか。개도 닷새가 되면 주인을 안다 kaedo tassaega toemyeon chuineur anda 犬も5日たてば、主人を知るのだ。日本では「犬も3日飼えば3年恩を忘れず」です。쇠귀에 경 읽기 soeguie kyeong irkki 牛の耳に経を読む。馬が牛に入れ替わっています。건너산 보고 꾸짖기 keonneosan pogo kkujichki 向こうの山から叱る。日本では「二階から目薬」大陸はスケールが大きいようです。벼룩도 낯짝이 있다 pyeorukto nacchagi issta ノミにも面子がある「一寸の虫にも五分の魂」。밑 빠진 독에 물 붓기 mit ppajin toge murpuski. 底ぬけの甕に水そそぐ。「焼け石に水」です。쥐가 고양이를 만난 격 chuiga koyangireur mannan kyeok 鼠が猫に出会ったようなもの。日本語では「蛇」に睨まれた「蛙」になっています。범에게 날개 peomege nargae 虎に翼。「鬼に金棒」よりも強そうです。작은 고추가 더 맵다 chageun kochuga teo maepta 小さい唐がらしがより辛い。山椒と唐がらしの違いです。쓴맛 단맛 다 보았다 sseunmas tanmas ta poassta 苦いも甘いも皆見た。「苦い」と「酸い」が入れ替わっています。そして「噛み分ける」と「経験してみた」となっています。남의 떡에 설 쇤다 namue tteoke seor soenda「他人の餅で正月祝う」日本は「他人のふんどしで相撲をとる」です。죽도 밥도 안되다 chukto papto andoeda 粥にも飯にもならない。飯には軟らかすぎて、粥には硬すぎる。「帯に短し、襷に長し」です。되면 더 되고 싶다 toemyeon teo toego sipta 成ったらまた成ると期待する。良いことが成った話です。あまり期待しないようにという話です。日本語では「柳の下のドジョウ」でしょう。いつもいるとは限らないということです。

　토끼 둘을 잡으려다 하나도 못 잡는다 tokki dureur chabeuryeoda hanado mos chapneunda 兎達を捕まえようとして一匹も捕まえられない。「二兎を追う者一兎も得ず」と意味は同じだと思いますが、「兎がたくさんいるのに一匹も」というところが話の大きさを感じます。

　밤말은 쥐가 듣고 낮말은 새가 듣는다 pammareun chuiga teutko nachmareun

saega teutneunda 夜の話はネズミが聞き、昼の話は鳥が聞く。「壁に耳あり、障子に目あり」天知る、地知る、人が知る、ということです。사후 약방문 sahu yakpangmun 死後の薬方文「死後の薬の処方箋」。소 잃고 외양간 고치기 so irhgo oeyanggan ko**ch**igi 牛を失ってから、牛小屋の番人。「6 日の菖蒲、10 日の菊」「後の祭り」ということです。가는 말이 고와야 오는 말이 곱다 kanun mari kowaya oneun mari kopta 行くことばが優しければ、来ることばも優しい。가는 정이 있어야 오는 정이 있다 kaneun chongi isseoya oneun chongi issta 行く情があってこそ来る情がある、ともいいます。日本語の場合は賄賂の匂いが少ししますが、「魚心あれば水心」ということでしょう。부부싸움은 칼로 물베기 pubussaumeun **k**arro murpegi 夫婦げんかは刀で水を切るようなものだ。たしかに、すぐに元に戻りますね。「犬も食わない」誰も相手をしないという日本語の言い方と少し違います。며느리가 미우면 손자까지 밉다 myeoneuriga miumyeon sonjakkaji mipta 嫁が憎けりゃ、孫まで憎い。「坊主憎けりゃ袈裟まで憎い」というのが日本の感覚です。嫁は憎くても、孫はかわいいというのが、日本の祖父母の想いですが、大陸では感情が激しいのでしょう。아는 게 병 , 모르는 게 약 aneun ge pyeong moreuneun ge yag 知るは病、知らぬは薬。「知らぬが仏」。朝鮮語では「知らないほうがいいよ」という意味合いを感じますが、日本語では知らない者を軽蔑しているようにも感じます。

おもしろい発想

　おもしろい表現としては、도끼가 제 자루 못 찍는다 tokkiga che charu mos chikneunda. 斧が自分の柄を切れない。似たものに、중이 제 머리를 못 깎는다 chungi che meorireur mos kkakkneunda 坊主が自分の頭を剃れない。목마른 사람이 우물 판다 mokmareun sarami umur **p**anda のどの渇いたものが井戸を掘る。確かにそうですね。짚신도 제 짝이 있다 chip**s**indo che cchagi issta 草履も対になっている。これは「古い草履にもそれなりの相手がいる」という意味でしょうか？　それとも「一方的に古くなることはなく、互いに

157

つり合いがとれている」という意味でしょうか？　分かりやすいのは、계집 때린 날 장모 온다 kyejip ttaerin nar changmo onda 妻を殴った日に義母が来る。悪いことをするとすぐにバレルということでしょう。배보다 배꼽이 더 크다 paeboda paekkobi teo keuda 腹より臍がもっと大きい。有り得ない話という意味かと思いましたが、「メインよりサブのほうが大きい、たとえば買った商品よりラッピング料金が高い」ということだそうです。여든에 이가 난다 yeodeune iga nanda「80歳で歯が生えた」。これはあり得ない話ということです。업은 아기 삼년 찾는다 eobeun agi samnyeon chachneunda おぶった子を 3 年探す。すぐ近くにいるのに気付かない。とぼけた話ですが、등잔 밑이 어둡다 teungjan miti eodupta 灯盞（油皿）下が暗い「灯台下暗し」と近いかもしれません。기는 놈 위에 나는 놈 있다 kineun nom uie naneunnom issta「這っている者の上に飛んでいる者がいる」または、뛰는 놈 위에 나는 놈 있다 ttuineun nom uie nanun nom issta「走っている者の上に飛んでいる者がいる」といいますが、さらに나는 놈 위에 타는 놈 있다 naneun nom uie taneun nom issta「飛んでいる者の上に乗っている者がいる」があります。まさに「上には上がいる」です。꼬리가 길면 밟힌다 kkoriga kirmyeon parphinda「しっぽが長いから踏まれるのだ」しっぽが長いというのは「悪事を長く続ける」ということです。日本語でも「しっぽを掴む」というと、悪事を働いて逃げているものの証拠を掴むことをいいます。朝鮮語でも꼬리를 잡다 kkorireur chapta「しっぽを掴む」といいます。ついでに、꼬리를 치다 kkorireur chida「しっぽを振る」も「媚へつらう」という意味で使われます。

俗談の本領発揮

　말똥에 굴러도 이승이 좋다 marttonge kurreodo iseungi chohta 馬糞にころんでもこの世がいい。개눈에는 똥만 보인다 kaenuneneun ttongman poinda 犬の目には糞だけが見えている。犬は自分の糞もよく食べます。糞には目が無いのですが、日本語にはこのような格言はありません。さらに、개가 똥을 마다한다 kaega ttongeur madahanda 犬が糞を嫌う。「そんなはずがない

だろう」という意味で使われます。また、개똥도 약에 쓰려면 없다 kaettongdo yage sseuryeomyeon eopsta 犬の糞も薬にしようとしたら無い。「ありふれたものでも、いざ必要となったら見つからないものだ」という意味です。犬の糞を薬にするということは無いと思いますが、「鼻くそ丸めてアンポン丹」的な冗談が込められているのでしょうか。糞の話がふんだんに出てきました。人の愛称にも개똥 kaettong 犬の糞が使われることがあります。

　社会を風刺したものとしては、재떨이와 부자는 모일수록 더럽다 chaetteoriwa pujaneun moirsurok teoreopta 灰皿と富者は貯まるほど汚い。言い得て妙です。

「日本建国」論

中国の史書に日本という国名が最初に登場するのが「旧唐書」（編者：劉昫 887〜946）です。それまでの「漢書」「後漢書」「三国志」「晋書」「宋書」「梁書」には倭人か倭国と記載されていました。そして、「旧唐書」以後はすべて日本という表記です。

旧唐書の日本伝

　旧唐書では、「倭国伝」に続いて「日本伝」があって、「日本は倭国の別種なり」「倭国がその名前がよくないので変えた」「旧小国倭国の地を併せたり」と明確に別の国だとしています。つまり、元々倭国の一部の小国が倭国全体を支配するようになったので、国号を「日本」と名乗るようになったのだということです。

　倭国は「東西五月行南北三月行」（旧唐書）と東西に長い形ですが、日本は「東西南北各々数千里」（旧唐書）で円形か正方形の形です。その形が異なります。そして、「東西五月行南北三月行、各々海に至る」（隋書）俀国とは異なり、日本国は「西界南界はみな大海に至り、東界北界は大山ありて限りをなし、山外はすなわち毛人の国なり」と地理表記も近畿地方に該当する表記です。

倭

　日本語では委、萎の音はイですが、矮の音をワイ、アイ、倭の音をワとしています。朝鮮語では委、萎の音は위 wi、矮、倭の音を왜 wae としています。中国語で委、萎の音は wei です。6世紀以前の倭の中国音は wi であったと言われています。倭＝和＝大和＝やまとは江戸時代の本居宣長や新井白石などの国学者が日本書紀の史観そのままに取り込んだ考えです。倭国は wikok であり倭国 wakoku と読むべきではありません（古田武彦『耶馬台国論争』）。

里と陸行

　倭国はどこにあったのか？　本居宣長と新井白石以来の日本古代史の最
大論争点ですが、「三国志魏史倭人伝」「後漢書」「隋書俀国伝」などで帯
方郡や楽浪郡から万二千里と書かれています。各行程ごとの里数が書かれ
ているのは「三国志魏史倭人伝」だけですので、「三国志魏史倭人伝」の
各行程の合計と全行程万二千里との関係を見てみましょう。まず、「韓国
（西岸）から東または南に七千余里でその（倭国）北岸句邪韓国に至る」と
あります。そして、対馬、壱岐、末盧（松浦市）に着くころには万余里を
使っています。この行程は実際の地形からおよそ 600km に相当します。
ここから計算して一里はおよそ 60m 〜70m になります（以下この数値を採
用）。そして、残り二千里 120km 〜140km ですから倭国の中心は九州を出
ることはありません。二千里の内六百里は末盧から不弥で、残りの千四百
里は対馬国の方四百里の半周八百里と一大国（壱岐）の方三百里の半周
六百里を足すと、消えてしまいます。女王の国は不弥から 0 里、つまり不
弥の南に接していることになります（『「邪馬台国」はなかった』古田武彦）。
この時代の人が正確な測量技術を知らない「夷人里数を知らず、ただ計る
に日を以ってす。」（隋書俀国伝）としても、240 年に魏の使者の梯儁や、
247 年に張政が派遣されて、女王卑弥呼の戦いを励ましているのですか
ら、その里程に大きな誤りは無いでしょう。

　倭国は 30 国から成り、「参問する」と「周旋五千余里」（三国志）とい
う記載もあり、1 周約 300km で、直径 100km ほどですから西の端を末盧
（松浦市）とすると東の端は福岡市の周辺で太宰府や宗像あたりになりま
す。そこまでが 3 世紀の倭国の勢力圏と考えられます。

　また、「三国志魏史倭人伝」には「南耶馬壹国女王の都する所。水行十
日陸行一月。」という記述があります。これは（帯方・楽浪）郡から女王国
までの距離と考えるべきです。水行十日は郡から韓国までの水行と句邪韓
国から対馬・壱岐・末盧までの水行と考えます。すると陸行一月とは韓国

から狗邪韓国までの七千余里と対馬・壱岐の半周ずつ百四十里松盧から不弥までの六百里を足して七千七百四十里（466.4km〜541.8km）になります。これを28日で割ると276里（16.6km〜19.3km）で悪路を1日に歩くとして妥当な距離になります。

　これに対して、不弥から南へさらに水行10日、陸行一月と解釈して、さらに、南を東の間違いだとして、奈良に女王の国を持っていこうという説があります。これだと、500kmもの行程が空白になります。末盧から不弥まで詳細に記載されてきたのが、突然それまでの全行程に相当するものが何の記載も無く女王の国に到達するのは不自然です。

　やはり、女王の国は不弥の南に接していて、目的地に到着したので、総括して水行10日、陸行一月と記載したのだと解釈すべきです。

倭の五王

　宋書（420〜478年、沈約［513年没］編）と梁書（502〜557年、姚思廉［637年没］編）にはいわゆる倭の五王、讃―珍（弟）、済（子）―興（子）―武（弟）の話が載っています。古事記の各天皇の没干支から、仁徳、反正、允恭、安康、雄略が想定されていますが、宋書の讃と珍は兄弟であるのに、古事記・日本書紀（記紀）の仁徳と反正は親子で話が合いません。日本書紀によると、宋書の時期にあたる天皇は3人しかいません。その他、記紀との整合性を求めていくつかの説がありますが、一致するものがありません。この記載内容も、倭国とは日本書紀のいう大和ではなく、九州の王朝であるとの考えを支持しています。

　また、この時代は倭国が拡張政策で発展した時代でもあります。倭の五王は代々朝鮮半島の支配権を中国に認めるよう求めていますが、武の代（478年）になってようやく持節督倭新羅任那加羅秦韓慕韓六国諸軍事鎮東大将軍を認められています。このときの上奏文に「東五十五国」「西六十六国」「北九十五国」を平げたとしています。また、広開土王（在位391〜412年）の碑には「倭辛卯（391年）年来渡海、百済■■新羅を破る」

とあるので、4世紀末から5世紀前半にかけて倭国が支配圏を広げていったのは確かでしょう。この頃朝鮮半島にも前方後円墳が作られています。

都府楼、紫辰殿

督というのは都督のことで、中国が認める役職で、国王より上のいくつかの国を統括するポストに当たります。持節とは軍の総大将のしるし（節）を持つ人という意味です。九州の太宰府は地元では「都府楼」とも呼ばれますが、この「都府楼」とは「都督」の住むところという意味です。倭国王が中国から都督と認められたのは478年のときだけで、後は670年天智の即位のころ日本書紀に中国の将軍が朝鮮半島の熊津都督府から筑紫都督府にやってきたとの記述があるだけです。また、太宰府の地名に「紫辰殿」という名が残っています。紫辰殿とは皇帝の住む宮殿のことです。

百済と新羅

この時代朝鮮半島には高句麗（〜668）に百済（〜660）と新羅（〜890）という国がありました。百済は백제 paekche です。それを日本側ではなぜ「くだら」と呼ぶのか。古代東アジア史における大きな謎の一つです。新羅신라 sinra のことを「しらぎ」と呼んでいますが、これは倭国軍が攻撃目標としていた新羅「しんら」の城「ぎ」で「しらぎ」と呼んでいたと解釈できます。「くだら」と呼ぶのは、大国とか大きな都という意味の朝鮮語で큰 나라 keun nara がくだらとなったという説が有力です。百済の近肖古王（4世紀中頃）が七枝の剣を作って日本に寄贈しています。この剣は奈良県石上神社の御神刀として現在も保管されています。剣には銘が象嵌で打たれていて由来が書かれているとともに7本の枝が出ていて特殊なものですから七枝の剣でまず間違いありません。ただ、この剣は石上神社の宝物庫から明治になってから発見されたものです。

165

隋書俀国伝

　漢書、後漢書、三国志、晋書、宋書、旧唐書はすべて倭人伝か倭国伝となっていますが、隋書（魏徴［580〜643］編）だけが俀（発音は tai）国伝となっています。歴史学者によると俀は倭の間違いと簡単に片づけてしまいますが、国名を間違うというようなことが、国史の書で起こるはずがありません。何らかの意味が込められているはずです。

　隋書俀国伝の出だしは、「俀国は百済や新羅の東南にあり」とあります。この位置は日本の九州です。大和だとほぼ東になります。新羅より「水陸3千里」とあります。隋や唐の時代の一里を三国志の時代と同じだとすると、朝鮮半島の慶州からは180km程度で丁度北九州になります。さらに周囲は海に囲まれているとあり、「阿蘇山があり、噴火するため人々の信仰の対象となっている」とあります。明らかに九州です。

九州

　そもそも、九州ということばは歴史的に意味のあることばで、単に9の行政単位に分かれていたということに留まりません。夏や周などの古代中国では全土を9の州に分けたことから九州というと国全体を意味することばとなり、その後、中国では全国が13の州に分けられても、九州ということばが使われ続けました。

　新羅も統一（687年）後、国を9の州に分ける「九州の制」をしいていますし、日本でも保元新制（1156年）第一条に「九州之地者一人之有也」（全国は一人によって治められる）の用例があります。

倭国王

　隋書俀国伝には600年に「使いを長安に使わした」ことが記載されてい

166

ます。600年というと古事記・日本書紀では推古と聖徳太子の時代です。しかし、登場する俀国王は多利思北弧です。姓があって海毎です。今の天皇家は「天」の子孫ではありますが、姓はありません。多利思北弧は男性で大勢の妻がいます。女性の推古とは違っています。使者が「天を兄とし、日を弟とす」と語り、「夜明け前に聴政し、後を弟に任せている」と語ったことに対して、隋の皇帝が「大いに義理なし」と「訓えて改めさせた」とあります。このことからわかることの一つは、九州にいて倭国を支配していた多利思北弧王には弟がいて摂政をさせていたとのことです。日本書紀では聖徳太子は推古の摂政として描かれていますが、もしかしたら、多利思北弧王の弟（義弟＝妹婿？）でやまとから九州に出向いて多利思北弧の摂政をしていたとも考えられます。

　さらに、俀国は608年にも使いをだしています。その時の国書が「日の出ずるところの天子、日の没する処の天子に書を致す」という有名な文書で、聖徳太子の気概が表れているというのが日本の歴史教科書ですが、当時の中国中心の中華思想の下では、隋皇帝に不敬な文書になります。実際、帝は「これを覧て悦ばず」、「蛮夷の書、無礼なるものあり、復た以て聞するなかれ」と語っています。そして、翌年に裴（世）清を叱責の使いに出しています。俀国王が使者に「我は夷人、海隅に僻在して礼儀を聞かず」と田舎者なので礼儀を知りませんでした「ねがわくは大国維新の化を聞かんことを」と隋の恩恵に浴したいと語り、使者は「王、化を慕うの故を以て」「ここに宣諭す」服従するというので諭しているのだと語っています。そして、「朝命既に達せり、請う即ちみちを戒めよ」すぐにみちを改めなさいといわれています。これに続いて、「この後、遂に絶つ」で終わっています。この後はそういうことは起こらなかったという意味か？　こんなことをやった国だから、この後滅んでしまったという意味か？　実は中国の春秋時代に俀という国があり、大義が無く、すぐに滅んでしまったそうです。これを踏まえて俀tai国を後に滅ぶ国と暗示したかったのかもしれません。

法隆寺の遺物

　また、法隆寺に伝わる聖徳太子が書いたとされる「法華義疏」という本には「大委国王上宮王選」とあります。歴史家は大委を「やまと」と読ませていますが、音読みは「たいい」taii ですから、「大委国王」も聖徳太子ではなく、俀国王＝多利思北弧の可能性が大です。

　さらに、法隆寺の釈迦三尊像には光背といって後ろの飾りがあり、その裏面に文章が彫ってありますが、登場人物の名前や年号等が日本書紀等の記載と合っていません（古田武彦『失われた九州王朝』）。光背裏面には「法興元 31 年辛巳前王后が亡くなった」とあるが、「法興」は日本書紀に記載のない元号ですし、聖徳太子の母は穴穂部間人皇女で天皇の妃ではありますが、「鬼」という名前は日本書紀に記載のない名前です。「明年正月 22 日上宮法皇枕病」「干食王后仍以労疾」「2 月 22 日王后即世」「翌日法皇崩御」とあり、法皇は 622 年の 2 月 23 日に死亡しています。日本書紀では聖徳太子は 621 年の 5 月 7 日の死亡となっている。最も大事な人の命日を間違えるだろうか？　やはり聖徳法皇と馬屋戸皇子は別人ではないのか。私は、聖徳法皇は多利思北弧だと思います。

法隆寺は移設された

　法隆寺焼失の記事は、日本書紀では 670 年（天智 9 年 4 月 30 日）に「夜半之後、災法隆寺、一屋余無。大雨雷震」と明記されています。ところが、現存の法隆寺はその様式が古く 670 年以後に新築されたとはとても考えられないこと、完全焼失したのに仏像や多くの遺物が現存していることから、「法隆寺は消失していない」との説も根強くありました。法隆寺は昭和 14 年石田茂作の発掘調査によって、当初の寺院の焼失後に、まったく違った伽藍配置で、今の寺院が建立されていることが判明しました。そして、昭和 16 年から 29 年にかけて行われた五重塔、金堂の解体修復工事の

168

ときに、心柱の下に空洞があること、柱に多くの釘のあとがあること、さらに転用古材が多用されていることがわかりました。これらは後の修復によるものではなく、建立当初からのものと考えられます（米田良三『法隆寺は移築された——太宰府から斑鳩へ』新泉社、川端俊一郎『法隆寺のものさし——隠された王朝交代の謎』ミネルヴァ書房）。採取された五重塔の心柱は、その後2001年に奈良国立研究所から、年輪判定法とソフトX線調査によって、594年の伐採であることが発表されました。法隆寺焼失の76年前の伐採です。焼失前の法隆寺（621年馬屋戸死亡後に建立）よりも古い6世紀末から7世紀初頭に建てられた寺を移築したものと考えられます。また、法隆寺の材は唐尺では間尺が合わず、隋の前の南朝の尺「南尺」で計られており、このことからも古い年代の建築だと考えられます。

では、なぜ、移築したのか？　これは後で考察します。

旧唐書の倭国伝

旧唐書では、倭国が631年に唐に国使を送ってきたので、高表仁が使いとして行ったが、謙譲の精神がなかったために「王子と礼を争い勅命を述べず」に帰ったとなっています。日本書紀には名前が逆転した高仁表の記事もあって、歓待して帰したとなっています。旧唐書では、その後国使の交換はなく、648年「新羅の使いに託して、表（便り）を送ってきた」だけとなっています。

日本からの遣唐使

旧唐書では、日本からの遣唐使は703年が最初の記載です。ついで713年の遣唐使の記載があり、帰りに書物を沢山買い込んだ話があります。日本ではちょうど712年に古事記が完成していますが、この後中国の話を沢山借用した日本書紀が720年に完成しています。古事記を改め、日本書紀を書くために買い込んだと考えられます。旧唐書には、さらに、仲満が唐

169

にとどまり朝衡と名を変えて唐の高官を務めた話があります。さらに、804年空海を含む遣唐使、806年の遣唐使、839年の遣唐使の話が載っています。

日本書紀にある隋・唐への使者

日本の歴史の教科書には聖徳太子が小野妹子を隋に派遣したことになっています。日本書紀には600年の記事はなく、推古15年（607年）に小野妹子を派遣したことと、翌年に裴世清が使者としてきて、歓待して帰したこと、小野妹子が国書を百済に取られた話があります。この記事に十分な紙面を割いているのに、派遣先が隋（589～618）ではなく大唐（618～）となっています。わざと間違えて、なんらかの暗示をしているのかもしれません。例えば、「小野妹子が行ったのは後の唐の時代の話で、この時（607年）はやまとからの派遣はなく倭国（九州）からの派遣の話ですよ」と暗示しているのかも知れません。

さらに、日本書紀にはその後653年、654年、659年、663年、668年の5回、唐へ使いを送ったと記載されています。単なる文化交流や挨拶にしては頻回です。これを考えるのに、当時の東アジアの歴史を見てみましょう。

隋唐と高句麗の戦争

589年に中国を統一した隋は598年に高句麗（今の中国の黒竜江省から朝鮮半島北部にかけて存在した国で首都は平壌）への攻撃を仕掛けますが、失敗してしまいます。さらに、614年には100万もの大軍を派遣しますが、兵站線が弱いことを見抜かれ、わざと退却を繰り返す高句麗軍に誘い込まれ、兵糧不足になったところを攻撃され、全滅の憂き目にあっています。そして、615年にも出兵しますが、高句麗も疲弊していたので両者和睦します。しかし、高句麗が和睦の条件の朝貢をしなかったので、翌年攻撃をしようとしますが、国内で反乱が勃発してしまいます。

170

618 年に隋は滅んで唐が起こります。唐も高句麗を攻略しようとして、644 年から 645 年にかけて遠征しますが、失敗します。その後、唐は高句麗の疲弊を狙い、戦略を長期戦に切り替えています。

新羅の策動

三国史記（高句麗、百済、新羅の歴史書 1145 年成立）によると、新羅の王子金春秋（のちの武烈王）が 648 年唐に向かい、唐の信頼を得て、同盟を結びます。日本書紀によると、唐に行く前年の 647 年に金春秋が来日しています。倭国は百済派で高句麗とともに、反新羅、反唐勢力です。高句麗に負けた隋や唐を見下していたために、631 年に高表仁と争ったわけです。そして、なによりも 663 年には実際に大軍を派遣して唐・新羅と戦ったわけです。

では金春秋が来日した目的は何でしょう。日本書紀には金春秋は顔がよく弁もたったと書かれています。金春秋は倭国の主流派と会ったのではなく、倭国内の新羅派と手を結んだ上で、唐へ向かったと思われます。この密談を日本書紀の編者を指揮した藤原不比等らは知っていた。すなわち藤原不比等らはこの時の密約の相手（＝新羅派）の後継者だったから……。

660 年 7 月新羅は唐とともに、百済を滅ぼします。日本書紀には、659 年の遣唐使が 660 年 9 月まで足止めされて、661 年に帰国したと記載があります。そして、百済王ら 50 人ほどが唐まで連れて行かれたのを見たと報告しています。

今来

660 年の百済滅亡後、多くの貴族たちが日本へ亡命してきます。それまでも半島から来た人たちの集団は大勢いましたので、このときの渡来者は新しく半島からやってきた人たちという意味で今来（今木）と呼ばれました。「新撰姓氏録」に記載されている氏族の 3 分の 1 がこのとき来た人を

祖先としています。帰化人という言い方がありますが、これだと大勢の日本人や日本文化の中にごく少数のひとが溶け込んでしまったかのような言い方です。実際は縄文文化を駆逐する勢いで半島から鉄銅の金属文化とともに押し寄せ、大陸からも稲作や漢字が伝わり、国家形成が進むとともに3世紀にはいなかった馬や牛が半島からやってきて5世紀には日本を席巻し、おおきな古墳が造られるようになります。8世紀には律令制国家が樹立されるのです。渡来により大変動が引き起こされているのです。帰化という表現は相応しくありません。

藤原鎌足

645年に中大兄とともに蘇我馬子を殺して大化の改新を行ったとされる中臣鎌足ですが、藤原の姓をもらい、藤原氏の始祖となりました。ただ、不比等の兄弟は中臣のままで、不比等の子孫だけが藤原を名乗れていますから、藤原の姓をもらったのは鎌足ではなく、不比等なのかも知れません。

大化の改新の話にもどりますが、そもそもやまと朝廷の元号は701年の大宝に始まるのに、それ以前の時代に部分的に元号が登場するのも奇妙ですし、事件の舞台になった大極殿（日本書紀には大極殿と明記）を持つような遺跡は明日香にはないのです。これは、九州元号大化の時に九州王朝の太宰府で起こった話を持ってきたのではないかとの説があります。日本書紀編纂に関わった藤原不比等が父の功績を称えるために作った話ということです。

日本書紀には大化の改新のあと、「古人大兄王」が「韓人が鞍作りの臣（蘇我馬子）を殺しつ。」と叫んだと書かれています。その説明として韓からの文書をささげる儀式の時に殺されたからと説明書きがありますが、わざわざそのようなことを書いたのはなぜでしょう。そして韓人が特定の人を指すとしたらそれは誰でしょうか。

660年に百済が唐と新羅の連合軍に滅ぼされ、百済王が捕虜となった後、鬼室福信ら残党の百済再興に向けた蜂起に、倭国にいた百済王子の夫余豊

章が兵を伴って合流します。倭国軍も合流し、唐・新羅と決戦（白村江の戦い）しますが、敗れてしまいます。豊章は高句麗に逃げた後、668年高句麗がほろんだ時に捕まって拘束されています。その後日本に逃れて中臣鎌足になったという説もあります。つまり、蘇我馬子を殺したのは韓人＝夫余豊章＝中臣鎌足だと言いたかったのかも知れません。ただ、夫余豊章は倭国王側で中臣鎌足は天智側の人物ですから、同一人物とは考えにくいと私は思います。

斉明の不思議

　皇極天皇は645年大化の改新で譲位し、斉明天皇としての再即位は655年ですが、日本書紀にはこの時、竜に乗った唐人風の男が葛城から生駒、そして住吉から西のほうに飛んで行ったと書かれています。何かの暗示でしょう。さらに、この年、斉明天皇は高麗、百済、新羅に使いを出しています。657年新羅に使いを出し「沙門智達」「等をひきいて、汝が国の使いに付けて大唐に送りいたさんと欲す」と伝え、658年7月に新羅の船に乗って、（使いが）大唐に向かったとされています。この時期は、以前なら敵対していた新羅との連携が目立ちます。唐と新羅の攻撃を防ごうとしたのか？　唐と新羅と結託したのか？

　また、阿部臣某や阿部引田臣比羅夫が180艘か200艘を率いて蝦夷や粛慎を討つ記事が658年4月、658年、659年3月、660年3月と4回も登場します。この時の船の数は百済再興への派遣の船数と同じです。

　斉明天皇が船で石を運んで3万人を動員しての渠や7万人を動員しての山での石垣を作らせています。これは単なる庭園の造成ではありません。大宰府の水城や大野城の造成を思わせます。水城や大野城や高安城などは遺蹟が残っているのに、飛鳥にはそのような遺蹟は残っていません。

天智の不思議

　日本書紀によると、百済再興の白村江の戦いの前々年661年に、中大兄は増援軍を派遣することにしますが、「作った船が夜の間に舳と艫が相反した」「蠅が群がって西へ向かった」「これは敗れるるしるしだ」と書かれています。斉明天皇と那の大津（博多）に「戻り」？　朝倉宮に移りますが、雷が落ちたり、火事になったりします。東漢草直足嶋（やまとのあや、かやのあたい、たりしま）という人が唐に行ってきた使者によこしまなことをしたので天の報い（雷）で死んでしまいます。それで、衆が「大倭の天の報い近きかな」と言った。この暗示は隋書の俀（大倭）国王の姓「海毎」＝あま＝天氏が滅びるのも近いという意味にもとれます。そして、661年7月に斉明天皇が死んでしまいます。中大兄は喪に服すのですが、「朝倉山の上に鬼有りて大笠を着て、喪の儀を臨み視る」「衆皆あやしむ」とあります。そして中大兄は難波、飛鳥に戻っています。

阿曇比邏夫、阿倍比羅夫

　日本書紀では、660年10月「天皇豊章を立てて王とし」「礼を以て発て遣わす」とあり、また661年8月に阿曇比邏夫、阿倍比羅夫等を百済復興に派遣したとありますが、662年5月に「大将軍阿曇比邏夫が船170艘を率いて豊章らを百済国に送り、宣勅して、豊章らを以てその位を継がしむ。」「時に豊章らと福信と拝みて勅を受け、衆為に涙す。」660年10月は「天皇が」王にして送り出して、662年は「大将軍阿曇比邏夫が」送り出して「宣勅して」王にしています。一連のおかしな記載は、日本書紀の作者が上からの圧力で書けなかった史実を後世の読者に読み取ってもらうための暗示や仕掛けのようです。

　つまり、史実は661年に倭国王は百済への援軍を派遣するが、中大兄は「舳と艫を相反」＝裏切って、「蠅群がって西へ向かった」＝他の軍勢は百

済救援に向かった。661年7月斉明天皇が死んだとのことだが、「鬼が覗き」「衆皆あやしむ」＝みな疑ったが、それを口実に飛鳥に帰ってしまう。その1カ月後の8月「阿曇比遍夫、阿部比羅夫等を百済復興に派遣」だから、中大兄は参加していない。そして、大将軍阿曇比遍夫こそが倭国王で、宣勅して豊章を百済王にしたということになります。また、180艘もの船を率いて蝦夷を討った阿部引田臣比羅夫も阿曇比遍夫と同一人物なのか倭国王の一族なのかもしれません。

倭国敗れる

　話は進んで、中大兄が新羅・唐と結託して参軍しなかったためか、倭国軍は敗れ、唐軍が百済を占領します。そして、百済の王族や倭国軍の捕虜を長安に連行します。日本書紀では、664年5月唐の将軍劉仁願と郭務悰が倭国にやってきて書簡をわたしています。敗戦処理が始まったわけですが、この時の唐の要求は何でしょう？　10月に日本側から詔（中大兄しかいないが）を発し、12月には帰っています。665年9月20日筑紫についた唐の高官劉徳行と郭務悰ら254人が22日に書簡を提出しています。彼らは12月に帰っています。667年11月には「熊津都督府」（唐の百済支配の都督がいる所）の司馬法聡が遣唐使境部連石積を「筑紫都督府」（日本支配の唐の都督がいる所？）に送ってきています。さらに、667年には唐に捕えられた者の解放が行われています。668年には親唐・新羅の天智が天皇に即位し、唐と新羅が高句麗を滅ぼしています。この後669年にも郭務悰が2000人以上の人（兵）を連れて筑紫にきています。そして、667年には解放されず、その後も唐にとらわれたままであった「筑紫君」薩耶麻がこの時に解放されています。高句麗を滅ぼす前に解放すると、倭国の兵を率いて高句麗に応援することを恐れたのかもしれません。

175

筑紫君について

　古事記・日本書紀に登場する筑紫君には他に筑紫君岩井がいます。継体天皇（507〜531 または 533）の時代に乱（527〜528）を起こしたとして討たれています。日本書紀によると継体天皇とは、武烈に子が無く、11 代前の応神（書記 270〜310 在位）の 5 世の孫を天皇にしたとされ、その信憑性が疑われる存在です。そして日本書紀の説明書きには、継体は「ある本には 533 年に亡くなったとあるが、『百済本紀』(現存しない) によると『531 年に高句麗の安という王が殺された。この時、日本の天皇、皇太子、皇子がいっせいに亡くなった』とあるので 531 年を採用した」としています。しかし、継体が死んだ時に皇太子や皇子は死んでいません。おかしな話です。そして、「後に勘校へむ者、知らん」つまり、後の学者はどう考えるだろうか。その判断を委ねたい。としています。とても意味深な暗示です。

　この時期に一族を殺されたといえば筑紫君岩井です。「岩井の乱は 527 年ではなくて、531 年で、筑紫君岩井は倭国王ですよ」と言いたいのかも知れません。

唐の倭国支配策

　唐は不遜な倭国を滅ぼすことを考えていて、白村江で倭国軍を破った後、親唐・親新羅勢力であった「やまと勢力」を支配者に立てるために策動し、5 年をかけて天智を王に仕立てたと考えることもできます。

　日本書紀では天智の項の最後に、「4 本足の鶏が生まれた」話と「鼎が 1 個 2 個 3 個あるいは 8 個鳴った」という話が書かれています。これは何を暗示しているのでしょう。鼎は王権の象徴でそれが鳴るとは王朝の終わりを意味していると考えることができます。そして、4 本足とは 2 羽が一緒になっている。つまり、倭国の最後の王と日本国の最初の王を一緒にして描いていますよという暗示なのかも知れません。

「日本建国」論

日本国の登場

　朝鮮の三国史記によると倭国が日本と国号を変えたのは 670 年 12 月だ
とあります。天智が即位した 2 年後に「日本国」と国号を変えたことにな
ります。

　先に述べた馬屋戸皇子の法隆寺が焼失したのはこの 670 年です。九州王
朝滅亡後天智が即位 3 年に、九州王朝多利思北弧と関係のあった馬屋戸皇
子の法隆寺が焼失して、多利思北弧の怨霊の仕業と騒がれても不思議では
ありません。そこで、多利思北弧ゆかりの寺を移築し、仏像その他を聖徳
法皇として崇めることで諫めようとしたことも考えられます。菅原道真の
天満宮など怨霊信仰の例は沢山あります。

天武の不思議

　天武は天智の弟とされていますが、日本書紀には生年の記載がなく、
「本朝皇胤紹運録」によれば 623 年の生まれで 686 年 65 歳で死んだとあ
り、年齢は天智より 3 歳上だったことになります。

　天智と天武の母は皇極（斉明）ですが、彼女は舒明に嫁ぐまえに、高向
王との間で漢皇子を産んでいます。この漢皇子が天武だとの説がありま
す。高向王は天智に滅ぼされた蘇我氏系の王族であり、滅亡後天智に政権
を奪われた九州王朝系の勢力とも反天智（やまと勢力）で繋がります。そ
して名が大海人皇子で、多利思北弧の姓のアマと繋がります。

壬申の乱の不思議

　日本書紀には天武が近江を逃れて吉野に潜み、尾張などの兵を集めて近
江の勢力に勝つまでの話（壬申の乱）が第 28 巻のすべてを使って記述され
ています。単なる兄弟間、叔父甥間の争いにこれだけ大規模な戦いが必要

177

だったのでしょうか？　日本書紀には多くの政権争いが描かれています
が、何万もの兵を繰り出しての戦争で、国を2分する大戦争、しかも終結
後に多くの大臣を処罰している例は他にありません。日本書紀では、天武
は皇太子とされていました。天智の意を悟り身を引いたとしても、次の天
皇と目されていたわけですから、近江にも多くの支持者がいたはずです。
大規模な戦争を企画せずとも近江勢力内のクーデターで政権を奪取できた
のではないでしょうか？

　日本書紀によると、671年12月天智が死んだあと、672年3月に知らせ
を太宰府＝「筑紫都督府」にいた唐の将軍郭務悰に届けています。郭務悰
は喪服を着て、東に向かって拝んだといいます。大友皇子の即位（日本書
紀にはその記載はありませんが）などその後の動きを見極めた後、5月30日
に郭務悰は帰っていきます。

　この後から天武の動きが始まります。日本書紀によると、陵を作るため
に美濃と尾張から人夫を集める動きを利用して、3千ほどの兵で、不破の
関（近江と美濃の境）を押さえたとされています。それを聞いた大友は、
「すぐに攻めましょう」という配下の意見を聞かず、なぜか東国、倭の京、
吉備の国、筑紫に使いを出します。倭京＝倭国の都＝太宰府＝筑紫都督府
から天武が攻め上がり、それを阻止せよとの通知を出したということかも
しれません。

　天武側は、7月2日には、数万人に膨れた兵をふた手に分けて近江を直
撃する部隊とやまとに向かう部隊に分けて行軍します。勝ったり負けたり
の戦いが続きますが、7月22日瀬田での決戦に大友が破れ、23日に逃げ場
を失った大友が山崎で自害します。この後、7月2日以降の、やまとや大
坂での戦いが延々と記載され、7月22日（瀬田の決戦と同日）にやまとを
平定した大伴吹負は、近江へは向かわずに、副将を山崎に派遣して自らは
難波の都に向かっています。そして難波の都から西国の国司に服従の印を
提出するように命令しています。倭京＝倭国の都＝太宰府＝筑紫都督府か
ら攻め上がった天武が難波の都を攻め落としたということかもしれませ
ん。

178

都の構造

　ちなみに近江京といいますが、都の構造＝条里制の遺跡は無く、邸宅程度の遺跡です。実際は難波宮（法円坂から茶うす山まで南北 2km）が都だったのでしょう。また、奈良県明日香村には寺院跡や邸宅跡、池、庭園などの遺跡が発掘されていますが、都の構造の遺跡はありません。全国を支配するには、大極殿や政庁・倉庫・全国からの使者の宿泊施設・多くの役人の邸宅などがなければ、物理的に不可能です。平安京、平城京、藤原京、難波宮、太宰府にしか都の構造は確認されていません。太宰府の「太宰」というのは「宰相」、「太政大臣」という意味です。総理大臣がいる所（府）は首都以外には考えられません（『太宰府は日本の首都だった』内倉武久）。都府楼（都督のいる所）、「紫辰殿」（皇帝の居）という名前が残っていることもそのことを裏付けています。

朝鮮半島では

　この頃、朝鮮半島では、唐の西方や北方での紛争に乗じて、新羅が唐の支配に対して戦いを起こします。天武が近江王朝を倒した 4 年後の 676 年のことです。唐の都督を追い出し、唐の軍隊との戦いに勝利しつつ、唐との和睦を探り、鴨緑江以南を支配してしまいます。さらに、旧高句麗国の北半分に渤海という国が建国され、唐としては対渤海戦が焦眉の課題となり、日本どころではなくなるのです。

天武の対新羅・対唐政策

　日本書紀によると、天武（672 年から 686 年）は新羅との親交を頻回に重ねています。天武 2 年 6 月、2 年 11 月、4 年 2 月、4 年 8 月、5 年 11 月、6 年 4 月、7 年、8 年 2 月、8 年 10 月、9 年 4 月、10 年 6 月、10 年 12 月、12 年

11月、13年12月、朱鳥元年1月と頻回に新羅からの使者がきたり、歓待の宴を開催したりしています。天武は唐の肝いりがあった天智勢力を倒しているわけですから、反唐です。実際、唐への使節は一度も派遣していません。天智は唐・新羅と組んでいましたが、天武は唐と対立した新羅と親交を深めたと考えられます。

天武の皇子

　天武には高市、草壁、大津、舎人、長、弓削、新田部、穂積、忍壁、磯城と10人の皇子がいます。高市が一番年長で壬申の乱のときに大将として軍を率いています。出自の関係で天智の娘、鸕野讃良皇女（後の持統天皇）の皇子である草壁が皇太子、同じく天智の娘で鸕野讃良の姉大田皇女の皇子である大津がナンバー2となります。この二人の皇女は天武に滅ぼされた大友の同母の姉でもあります。

　天武は天武15年（686年）6月に体調不良となります。天武15年7月に朱鳥という元号が登場します。これについての説明は日本書紀には一切なく、歴史学者は「病気平癒を祈ったものだろう」としていますが、天皇の代替わりによる改元も考えられます。天武12年2月に「大津の皇子、始めて朝政を聴しめす」とあり、もしかしたら、大津が即位したのかもしれません。日本書紀によると大津は容姿にすぐれ、才覚もあり、ことばもよく、性格も明るいとあります。

天武男系と天智女系の対立

　天武15年（686年）の9月9日に天武は死亡します。通常であれば、皇太子である草壁が即位するはずですが、なぜか即位せず、大津が草壁に謀反を企てたとして死罪になっています。そして、大勢の皇子がいたのに、持統が688年に即位し、草壁も持統3年4月13日に死亡しています。草壁は体力がなかったのか、人望がなかったのか、能力がなかったのか……？

「日本建国」論

　そして持統10年の697年に譲位して、草壁の子の文武を15歳で即位させています。このとき天武の皇子弓削が異議を唱えようとしましたが、それを抑えて、天武と自らの孫＝天智のひ孫を即位させることに成功しています。

　しかし、文武は707年6月16日に25歳で死亡してしまいます。その後を天智の娘（持統の妹）で草壁の妃、文武の母である元明が即位します。そして、元明の娘で文武の姉である元正が715年から724年までをつないだ後、文武の皇子の聖武（当時24歳）に譲位します。まさに、天智の娘たちのすさまじい執念です。ただし、彼女たちだけの思いだけでは事は進みません。彼女たちと利害を共にしたのが、藤原不比等ややまとの勢力です。当然、天武の勢力も無視できず、天武の高市皇子は持統のもとで太政大臣を務めていますし、高市皇子の子、長屋王が聖武の時期にも権力を握っていました。聖武自身は両系の対立を快く思っていなかったようです。

　729年に藤原4兄弟の陰謀によって長屋王が葬り去られますが、737年天然痘の流行により藤原4兄弟が死亡すると天武系の鈴鹿王（長屋王の弟）と葛城王（橘諸兄）とに権力が移行します。740年危機感を感じた藤原広嗣が太宰府から反乱をおこしますが失敗しています。743年聖武は出家して、娘の孝兼に譲位します。そして、光明皇后（藤原光明子）の影響下で藤原仲麻呂が勢力を得ます。さらに、遂に756年に橘諸兄を引退に追いこみます。

遣唐使派遣の再開へ

　政策的にも天武の時代との変化がでてきます。持統は新羅の態度が不誠実だと批判する話が日本書紀に記載されています。持統と藤原不比等は反唐・親新羅の立場を変えていきます。

　天武・持統の時代は遣唐使を派遣していません。天武の孫であり、天智の曾孫でもある文武と藤原不比等が703年に遣唐使を派遣しています。反唐から親唐へ、唐の律令制を取り入れていく方向への路線変更が行われま

181

す。その後も藤原4兄弟の733年に、藤原仲麻呂の746年、752年、759年、761年、762年に遣唐使を派遣しています。そして、吉備真備（遣唐使出身）の777年と779年に遣唐使が派遣されています。天武系が権力を握っている時代には遣唐使の派遣がなく、天智系（藤原氏と遣唐使組）が権力を握っている時に遣唐使が派遣されています。

男系の断絶

聖武は756年、天武の新田部皇子の子の道祖王を皇太子にするように遺言します。これにしたがって皇太子にした道祖王を757年に藤原仲麻呂は廃位にして、自宅に子飼いにしていた、天武の舎人皇子の子大炊を皇太子にしてしまいます。758年孝謙を出家させて、大炊に譲位させます。これが淳仁です。藤原仲麻呂は恵美押勝を名乗り、専横の限りを尽くします。

760年光明皇后が死に、孝謙が僧道鏡とともに発言権を増してきます。さらに力を伸ばしてきた吉備真備（遣唐使出身）が、東漢氏や秦氏などの渡来系の勢力とともに764年に反乱を起こし、孝謙を復帰させ藤原仲麻呂を逆賊にして、やぶってしまいます（恵美押勝の乱）。淳仁は恵美押勝の傀儡でしたので逃亡をはかりますが、つかまり、淡路島に配流され、死亡します。ふたたび孝謙が皇位（称徳）につきますが、道鏡僧正に皇位を譲ろうとし、阻止されます。宗像神社の神託として有名な話ですが、舞台は三重県「伊勢」ではなく、北九州「宗像」なのはなぜでしょう。

称徳の死後770年に、称徳の妹である井上内親王（天武のひ孫聖武の娘）を妃としていた光仁（天智の第6子志紀皇子の第7子）が即位し、井上内親王との子であった他戸皇子が皇太子となります。ここに至って、天武の男系が断絶することになります。そして天智の男系の天皇が誕生したことになります。さらに、772年には、井上内親王と他戸皇子は罪をきせられ廃されてしまい、781年光仁の後を他戸皇子の異母兄桓武が天皇になります。ここに至って天武系の血筋は完全に一掃されたことになります。そして、794年に都は平安京に移ります。この後は、大伴氏など天武系の氏族は没

落し、天智系すなわち藤原氏と遣唐使組への権力集中が菅原道真（845〜903）の太宰府追放まで100年ほど続きます。

天武系氏族

　天武が難波の宮を攻めた部隊の大将は大伴吹負で、その子孫は代々太宰府の長官（太宰帥）を務めています。九州と関連の強い氏族です。本来、太宰府の長官（太宰帥）は上級貴族で、太宰府長官の大伴旅人（665〜731）は都に帰ってすぐ大納言になっています。それが、大伴家持（718?〜785）自身は、数々の陰謀をくぐりぬけて中納言にまでのぼりますが、死亡後、罪をきせられ家持の子まで島流しにされ、孫の代以降下級貴族に没落させられてしまいます。菅原道真のころには太宰府は政治犯の配流先です。天武系が途絶え、それを支えてきた九州系氏族が没落し、やまと系が完全に支配を強めることにより、太宰府もその政治的価値を無くしてきたのです。

大伴家持

　大伴家持は歌人としても評価が高く、勅撰歌集などにも何十もの歌を選ばれています。歌人としての評価が高かったからか、文化人としての交友が広かったからか、人格が優れていて万人に好かれていたのか、他の大伴氏族のものが挙げられたりしたときも難を逃れています。精々左遷させられる程度ですんでいます。結局、死亡直後の藤原種継の殺害事件の主犯にされてしまいますが、生存中は無事でした。

　また、大伴家持は万葉集の編者とも考えられています。万葉集が文献中に登場するのは9世紀になってからですが、それは、死亡直後、事件の主犯にされてしまい、家中のすべての文書を差し押さえられ、20年後に名誉を回復したときに、万葉集が発見されて世に出たからだと言われています。そして、再発見された時には、すでに難解な意味不明な歌が多くあり

ました。

鳥観

　天智即位（668）以来、桓武の即位（781）の113年を天智系と天武系の争いと考えますと、単なる兄弟間の争いの域を出ています。後世の南北朝（1336年〜1392年）を凌ぐ長さです。南北朝の争いにしても単なる皇統の対立ではなく、源頼朝後の関東政権の下で武士階層がさらに勢力を高めてくるのに対して、1333年後鳥羽が貴族、寺社の勢力を中心に承久の乱をおこして後、足利尊氏を中心とするとする武家勢力との勢力争いの過程です。では天武と天智の争いの背景は何でしょうか？　ここまで読んでこられた読者にはお分かりと思いますが、倭国＝九州（反唐）と日本＝大和（親唐）の勢力闘争なのです。

　そして、倭国が唐に敗戦して、親唐派の大和が「日本」を建国するも天智死後に天武が反唐派九州勢力によって権力を奪取する。それに対して、天武の妃となった持統が藤原氏と結託して、自らの皇子を押し立て、他の皇子を排除しつつ、妹、姫につなぎつつ、天智男系の天皇へと移行させた過程が日本建国だと考えます。

あとがき

　私の職場には、韓国好きで、ソウルに 10 回以上旅行した同僚や、在日で朝鮮学校を卒業して、保健師になった人がいます。住んでいる大阪市東成区には在日のオモニたちが経営する居酒屋がたくさんあります。

　また、家のすぐ近くには中大阪朝鮮初級学校があり、私も支援者の一人として関わっています。

　したがって、私のまわりにはたくさんの朝鮮語先生がいました。中でも、**大学の朝鮮語講師の金松伊先生には課題を与えられて**、「日本語の連濁」に目を向けさせてもらい、多くのことを学びました。そのお陰で、朝鮮語への理解が進みました。

　関わりのあったすべての人に深く感謝し、この場を借りてお礼を申し上げます。

森アッパ

参考文献

李寧熙　『もうひとつの万葉集』文春文庫、1991 年
　　　　『日本語の真相』文藝春秋、1991 年

石原道博『中国正史日本伝 (1)　魏志倭人伝・後漢書倭伝・宋書倭国
　　　　伝・隋書倭国伝』岩波文庫、1985 年
　　　　『中国正史日本伝 (2)　旧唐書倭国伝日本伝・宋史日本伝・
　　　　元史日本伝』岩波文庫、1986 年

内倉武久『太宰府は日本の首都だった』ミネルヴァ書房、2000 年

川端俊一郎『法隆寺のものさし──隠された王朝交代の謎』ミネル
　　　　ヴァ書房、2004 年

金容雲　『日本語の正体』三五館、2009 年

古田武彦『「邪馬台国」はなかった』角川文庫、1977 年
　　　　『よみがえる九州王朝』　角川選書、1983 年

山崎赤秋『日本人なら絶対知っておきたい韓国の歴史』幻冬舎ルネッ
　　　　サンス新書、2012 年

『KOREAN － JAPANESE DICTONARY』小学館

金貞淑『新日韓辞典』民衆書林

『デイリーコンサイス中日・日中辞典』三省堂

著者　森アッパ

頭の痛い머리 아파 meori apa 森父さん모리 아빠 mori appa
こと森 國悦。
1952 年生まれ。東大阪市出身。本業は小児科および公
衆衛生医師。主な論文に『水中運動を取り入れた糖尿
病教室の効果』や『福島原発事故後の周産期死亡の増
加』がある。

森アッパの日本語・朝鮮語比較論

発行日　2019年11月30日　初版第1刷発行
著　者　森アッパ
発行者　兵頭圭児
発行所　株式会社 耕文社
　　　　〒536-0016 大阪市城東区蒲生1-3-24
　　　　TEL. 06-6933-5001　FAX. 06-6933-5002
ISBN978-4-86377-056-0　C0087　定価（本体1000円＋税）
（落丁・乱丁の場合は、お取替えいたします）

耕文社の本

低線量・内部被曝の危険性 ── その医学的根拠

医療問題研究会 編

A5判　119頁　本体価格1,000円　ISBN978-4-86377-018-8

低線量・内部被曝の危険性について、世界で公表されている放射線被曝についての
データを可能な限り集め、それらを科学的に検討。わずかな被曝でも小児・成人の
身体において危険であることを、現場の小児科医らがわかりやすく解説。

甲状腺がん異常多発と
　これからの広範な障害の増加を考える（増補改訂版）

医療問題研究会 編

A5判　165頁　本体価格1,200円　ISBN978-4-86377-041-6

甲状腺がん多発は「スクリーニング効果」「過剰診断」、被ばくを隠す、こんな言訳
が許されるのか？　医療問題研究会が、進行する福島の低線量・内部被ばくの現状
を徹底分析。これからの障害の進行に警鐘を鳴らす。新たな事実・研究成果を増補。

大学による盗骨 ── 研究利用され続ける琉球人・アイヌ遺骨

松島泰勝・木村朗 編著

四六判　325頁　本体価格1,800円　ISBN978-4-86377-052-2

墳墓発掘、遺骨領有は、戦前も戦後も刑法犯罪。人類学者らは琉球、アイヌモシリ、
台湾、朝鮮で墓を無断で暴き、骨と埋葬品を持ち去った。大学に所蔵された人骨標
本は、今日のDNA研究に至るまで多くの論文と研究資金の源となってきた。日本の
学知の根底にある民族差別と植民地主義を問う。

税別価格。
全国の書店、小社ウェブサイト（www.kobunsha.co.jp）でご注文できます。